Maravillosas historias de

Los Himnos Cristianos

y
Sus Autores

*Alabad a **Dios** en su santuario; Alabadle en la magnificencia de su firmamento. Alabadle por sus proezas; Alabadle conforme a la muchedumbre de su grandeza. Alabadle a son de bocina; Alabadle con salterio y arpa. Alabadle con pandero y danza; Alabadle con cuerdas y flautas. Alabadle con címbalos resonantes; Alabadle con címbalos de júbilo. Todo lo que respira alabe a **JAH**. Aleluya.*

Maravillosas historias de

Los Himnos Cristianos
y
Sus Autores

Este libro forma parte del proyecto
Historias de Himnos
historiasdehimnos.com
ISBN 978-628-01-0692-2
©2023 Andrés Hernández

Índice

INTRODUCCIÓN

Querido lector, en esta obra encontraras un recorrido histórico en el desarrollo de la música sacra o religiosa, mayor conocida como himnos. Antes de comenzar definamos que es la música y su división en términos de Sacra o secular.

La música es un lenguaje que ha servido a las personas para expresarse y comunicarse, desde los tiempos más remotos. La música podemos encontrarla en los brazos de una madre mientras mece a su hijo acompañando su sueño con los relajantes sonidos y ritmos de una canción de cuna. Cuando un coro canta, todos sus miembros entienden que hay algo que les agrupa. Este es el poder que tiene la música, es un lenguaje universal.

Dicho lenguaje lo podemos dividir en dos aspectos; "Música sacra": También llamada "música religiosa", es una expresión que se usa en este documento para designar a la música que se centraliza en Dios, y en temas bíblicos y cristianos. En la mayoría de los casos, es música compuesta para ser utilizada en los cultos, las reuniones de evangelización o la devoción personal, y puede ser música vocal e instrumental.

"Música secular": Es la música compuesta para ambientes ajenos al servicio de culto o de devoción personal. Apela a los temas comunes de la vida y a las emociones básicas del ser humano. Proviene de nuestro ser interior, y expresa la reacción del espíritu humano ante la vida, el amor y situaciones cotidianas.

Lo anterior mencionado está relacionado con la percepción humana en su sistema de música y alabanza. Hoy queremos hondar en la música sacra y en la historia de sus himnos, queremos hacer un viaje atreves del tiempo, para que juntos conozcamos las historias de las personas y las situaciones que les llevaron a componer los himnos que hoy se entonan en nuestras iglesias.

Espero disfrutes de cada letra, párrafo y página de este libro.

Dios te bendiga

Ptr. Miguel Barragán Dimas
Licenciado en Teología

CASTILLO FUERTE ES NUESTRO DIOS

Porque tú has sido mi refugio, y torre de fortaleza delante del enemigo.
Salmos 61:3

John Wycliffe y Jan Hus habían dado los primeros pasos hacia lo que se llegaría a conocer como el movimiento protestante y de reforma en Europa. El canto de Hus "Jesús hijo de David ten misericordia de mí" mientras su vida se extinguía en medio de la hoguera inquisidora, aún hacía eco en toda Europa, pero todavía no había llegado el momento en que el protestantismo adquiriera una fuerza que a la postre cambiaría a toda Europa, no solo en el aspecto religioso, sino también en su configuración política y en su misma identidad como región.

El 10 de noviembre de 1483, casi un siglo después de estos primeros destellos de reforma, en Eisleben, nació Martín Lutero, el hombre con quien iniciaría el movimiento que partiría al mundo cristiano en dos. Su padre Hans Luther era minero y su madre hija de un comerciante. Martín Lutero fue el hijo mayor de la pareja. La casa en que nació fue parcialmente destruida por un incendio en 1689 pero restaurada en 1817 y ahora forma parte de un museo. Lutero creció en medio de la pobreza, pero esto no impidió a sus padres brindarle educación, y a los seis años ya sabía leer y escribir. Entró a la escuela pública, a la que debido a la distancia y su corta edad era llevado en brazos de otras personas. Allí aprendió el catequismo, los diez mandamientos, los credos y el Padre Nuestro. También recibió sus primeras lecciones de latín.

Como en toda familia de campo, sus padres y maestros a menudo fueron demasiado severos en la disciplina, y en ocasiones por las más pequeñas faltas lo castigaban con tal fuerza que llegaba a sangrar. En una de sus cartas Lutero escribió:

"Mi educación religiosa me fue dada con la misma severidad que la educación secular; me torné pálido y me horrorizaba el nombre de Cristo. Para mí Cristo no era más que un juez estricto y lleno de ira."

Con el deseo de que su hijo tuviera un mejor futuro en la academia, Hans envió a Lutero a estudiar en el Colegio Franciscano de Magdeburg. La situación económica de su padre empeoró y en muchas ocasiones, al no tener nada que comer, tuvo que hacer uso de su conocimiento de la música y su voz de contratenor en las calles, para junto a sus amigos rebuscarse los medios para subsistir.

Al saber de sus penurias, los padres de Lutero lo enviaron a otro pueblo a continuar con sus estudios. Sus dificultades, aunque ligeramente aliviadas, no desaparecieron en su totalidad, y él a los 14 años, tuvo que buscar su alimento de la manera anteriormente mencionada. Allí conoció a la familia de Conrad Cotta quienes le dieron alimento, amistad, y el amor que no había recibido hasta entonces. Con ellos aprendió a tocar la flauta y produjo sus primeras composiciones musicales. Sobre el arte de la música diría Lutero:

"es el arte de los profetas; es el único otro arte que, como la teología, puede calmar las agitaciones del alma, y hacer huir al diablo."

Nuevamente mejoró la situación económica de su padre Hans, por lo que pocos meses después de cumplir los 18 años, en 1501, Lutero fue enviado a estudiar a la universidad de Erfurt. Su padre quería que estudiara leyes, pero él se decidió por la filosofía.

A pesar de sus estudios, no fue sino hasta los 20 años que Lutero se enteró de la existencia de la Biblia. Un día mientras miraba los libros de la biblioteca, por accidente vio una Biblia en latín y la abrió en la historia de Ana y su hijo Samuel. Desde entonces se dedicó a estudiar la Biblia y olvidó el estudio de las leyes. Debido a las penurias que pasó y su esfuerzo físico, enfermó al punto tal que llegaron a pensar que no podría sobrevivir.

Se recuperó y en 1505 a los veintiún años obtuvo su doctorado en filosofía. A pesar de la presión de su padre para que culminara sus estudios de derecho, en cierta ocasión mientras iba de camino a Stoternheim se vio atrapado por una terrible tormenta y le juró a Santa Ana que si se salvaba se volvería monje.

En 1507 invitó a sus amigos más cercanos a una comida, y en medio de la alegría y el canto anunció que dejaría su trabajo como profesor universitario y entraría como novicio a un monasterio. Ingresó al monasterio Agustiniano de Erfurt buscando dar fin a la angustia de espíritu que lo agobiaba ya durante meses. Se le ordenó hacer las labores más básicas como la limpieza del monasterio, y se lo envió a pedir limosna a las calles del pueblo en el que anteriormente había sido un respetado profesor universitario. Allí se sometió a una rigurosa disciplina de contrición y autoflagelación para obtener el derecho al cielo, lo cual sólo consiguió empeorar su estado de salud.

Entre 1507 y 1510 estudió en las universidades de Erfurt y Wittenberg, recibiendo en 1512 su doctorado en teología. Con el estudio de la Biblia especialmente de las epístolas de Pablo, Lutero encontró lo que a la postre se llegaría a conocer como la doctrina de la justificación por la fe. Esto iba en contra de las prácticas a las que recurrían los monjes de su época por las cuales buscaban ganar su entrada al cielo. También le producía gran inconformidad la venta de indulgencias impulsada por el papado a fin de recaudar fondos para construir la basílica de San Pedro, y las cuales ofrecían perdón por pecados pasados, presentes, futuros y rescate de almas del purgatorio.

En 1512 viajó en representación de varios de sus monasterios a Roma para resolver algunas disputas con su vicario-general. Allí notó la tremenda diferencia entre la vida de mendigo y pobre practicada en los viejos conventos de Alemania y la vida de lujos en los monasterios que más bien parecían palacios en Italia. Mientras subía de rodillas las escaleras de Pilato bajo la promesa de mil años de indulgencia llegó a su mente el texto *"el justo por la fe vivirá"* y de inmediato se puso de pie, dejando esta penitencia que en el momento le hizo sentirse ridículo.

Junto a Lutero había otros monjes que en ocasiones charlaban estos asuntos, pero fue él quien el 31 de octubre de 1517 colgó su **"Disputatio pro declaratione virtutis indulgentarum"** (*Cuestionamiento al poder y eficacia de las indulgencias*) mejor conocido como las Noventa y Cinco tesis. Este documento no fue puesto allí con ánimo de apelar a las personas del común. Era una invitación a un debate académico y estaba escrito en latín, no en alemán. No era la intención de Lutero ir en contra de la Iglesia Católica sino buscar un cambio en el tema de las indulgencias.

Sin el conocimiento de Lutero sus tesis fueron traducidas al alemán y gracias a la imprenta empezaron a circular rápidamente. El asunto escaló de tal manera que el vaticano envió representantes a hablar con Lutero y dos años después se le llamó a comparecer en Roma acusado de herejía, lo cual muy seguramente habría significado su muerte. Gracias a su amistad con personas de poder en Wittenberg el juicio se llevó a cabo en Augsburgo el 10 de octubre. Lutero se presentó con la protección de un salvoconducto del emperador Maximiliano. En distintas ocasiones se le quiso obligar a retractarse de sus escritos. De estas ocasiones la más conocida es la dieta de 1521 en Worms. Allí dio su más famosa declaración:

> "A menos que no esté convencido mediante el testimonio de las Escrituras o por razones evidentes —ya que no confío en el Papa, ni en su Concilio, debido a que ellos han errado continuamente y se han contradicho— me mantengo firme en las Escrituras a las que he adoptado como mi guía. Mi conciencia es prisionera de la Palabra de Dios, y no puedo ni quiero revocar nada reconociendo que no es seguro o correcto actuar contra la conciencia. Que Dios me ayude. Amén."

No se le pudo hacer mal alguno por estar bajo la protección de un salvoconducto, pero al salir de Worms el emperador Carlos v ordenó que tan pronto este expirara se lo apresara. Sin embargo, convencido de que no se había llevado un debido proceso en el juicio contra Lutero el Elector de Sajonia Federico iii se propuso protegerlo y mientras Lutero volvía a Wittenberg fue capturado, separado de sus amigos y llevado "preso" al castillo de Wartburg. Para resguardar su identidad se le hizo dejar crecer el cabello y la barba, lo vistieron con armadura de caballero y lo llamaban Junker o Squire George. Nadie supo de su paradero y estando allí a salvo del poder del papa y el emperador, Lutero tradujo el Nuevo Testamento al idioma alemán lo cual puso esta parte de la Biblia al alcance del pueblo en su lengua natal.

Teniendo el apoyo de varios hombres poderosos de Alemania y gracias a su gran influencia en el ámbito académico, Lutero impulsó varias reformas a nivel religioso, civil y educativo, a tal punto que su separación de la Iglesia Católica Romana se hizo inevitable y fue excomulgado. La adhesión de personas de influencia al movimiento protestante agregó al impulso de renovación religiosa un tinte político que a la postre daría fin a la hegemonía del papado tanto en el ámbito religioso como en su influencia política y militar en Europa.

Lutero instó a los monjes y monjas a abandonar sus claustros y muchos de ellos atendieron su llamado, entre ellos una monja llamada Katharina von Bora con quien se casó en 1525.

Los intentos del emperador Carlos v se vieron estorbados en diversas ocasiones bien sea por conflictos con los turcos, con los franceses, o por las mismas disputas internas con el papa lo cual permitió que el movimiento de reforma se afianzara. En la dieta de Speyer de 1526, los príncipes alemanes que simpatizaban con las enseñanzas de Lutero lograron una tregua en la que a cada estado de cierta forma se le otorgaba libertad religiosa hasta que se efectuara una nueva reunión de todo el imperio.

En 1529 se hizo una nueva dieta en Speyer en la que se eliminaban las libertades obtenidas en la dieta de 1526. Ante esto hubo un grupo de seis príncipes de Alemania que se opusieron firmemente a esta intromisión del poder civil en asuntos de conciencia. Aunque no fueron escuchados y el representante del emperador dijo que la sumisión era la única opción, a la protesta de los príncipes se unieron muchas personas en lo que se conoció como la protesta de Speyer y de allí el movimiento de Reforma obtuvo el nombre de Protestante.

Al año siguiente el emperador Carlos v anunció una dieta en Augsburgo presidida por él mismo. Lutero no podía asistir puesto que había una orden de arresto en su contra pero acompañó al Elector de Sajonia y a su comitiva quienes fueron en defensa de los principios protestantes. Durante el viaje a Augsburgo en 1530, Martín Lutero compuso el himno que llegaría a ser el más conocido de sus composiciones y considerado como el **himno de la reforma protestante** por excelencia. Este himno se llamó "**Ein feste Burg is unser Gott**" (*Un fuerte castillo es nuestro Dios*), y con su canto animó a aquellos que arriesgaron sus vidas por defender aquello en lo que creían.

Este himno es claramente el más bélico entre todos y debe entenderse la realidad de la época en la que fue escrito. Muchos de los amigos de Lutero habían muerto en la hoguera inquisidora mientras otros habían sido forzados a retractarse en medio de torturas y humillaciones. Las acusaciones de ambas partes habían sido fuertes y las divisiones parecían irreconciliables. Por cómo se veían las circunstancias, los que acompañaban a Lutero bien podrían morir en la hoguera durante la dieta.

Fue en esta dieta donde se escribió la Confesión de Augsburgo, la cual llegó a ser el fundamento para el movimiento de la reforma protestante en Alemania con varios príncipes poderosos adhiriéndose a esta.

El himno Castillo Fuerte es nuestro Dios fue publicado en un himnario por primera vez en 1533, y hasta el día de hoy es el único himno de Lutero que es ampliamente conocido en todo el mundo protestante. Fue traducido al español por Juan Bautista Cabrera.

Castillo fuerte es nuestro Dios

Música y letra: Martín Lutero

DOXOLOGIA

Alabad a Dios en su santuario: alabadle en la extensión de su fortaleza
Salmos 150:1

Thomas Ken fue el hijo menor de su familia. Nació en Julio de 1637 en Berkhamftead, Reino Unido, en una época convulsionada llena de guerras sumadas a disputas políticas y religiosas las cuales afectaron significativamente su vida. Su padre era abogado. Su madre Martha falleció en 1641 cuando el pequeño Thomas tenía tan solo cuatro años y su media hermana Anne, hija de un anterior matrimonio de su padre se hizo cargo de su crianza. Diez años después en 1651 falleció también su padre. Poco tiempo después en enero de 1652 Thomas ingresó a la escuela de Winchester y en 1657 fue admitido en el New College, Oxon donde estudió artes. Se graduó a los veinticuatro años y de inmediato obtuvo trabajo como profesor en su alma mater mientras al mismo tiempo se preparaba para ser sacerdote. En 1662 fue ordenado sacerdote anglicano y seis años después obtuvo su licenciatura en divinidades tras la cual decidió iniciar un doctorado. En 1666 fue elegido como asociado de su colegio de niñez el Winchester College, del cual fue nombrado capellán.

En 1679 gracias a sus amplios estudios y buena reputación el Rey Carlos Segundo lo instituyó Capellán de la Princesa María de Orange, y por dieciocho meses le enseñó una conducta prudente y la piedad estricta. Luego en 1684 el rey lo nombró obispo de Bath y Wells. Acompañó al rey Carlos Segundo en sus últimos días, le hizo despedir del palacio a ciertas duquesas que habían sido sus amantes y lo convenció de llamar de nuevo a su esposa Catarina de Braganza de Portugal, quien era poco querida entre los ingleses por ser adepta del catolicismo romano y no pudo darle herederos por sufrir tres abortos. El rey mismo decía que su esposa parecía un murciélago por lo que buscó placer en otras mujeres de su corte. Por consejo de Thomas Ken, antes de fallecer el rey pidió perdón a su despreciada esposa.

Cuando el nuevo Rey Jacobo II, profeso católico romano proclamó su declaración de libertad de culto, Ken fue uno de los siete obispos que se opusieron a publicarla en parte por sus convicciones sumamente conservadoras y su aversión al catolicismo romano. Su negativa fue castigada y se le confinó en la Torre de Londres el 8 de junio de 1688.

A los pocos días estalló la revolución gloriosa que depuso a Jacobo Segundo y Guillermo fue elegido rey con poderes inferiores. Ken se negó a jurar lealtad al nuevo rey pues se consideraba impedido al haber jurado lealtad a Jacobo II. Esto le significó el perder su posición en la Iglesia Anglicana. Desde ese momento se dedicó al retiro y a la meditación. Falleció el 19 de marzo de 1711 y fue sepultado en la Iglesia de San Juan en Frome mientras sus amigos entonaban el himno matutino compuesto por él.

Durante su estancia en el Winchester College en 1674 publicó un manual de oraciones con el fin de motivar a sus estudiantes en la devoción. En él incluía exhaustivas (y a menudo tediosas) recomendaciones sobre la devoción y oraciones para ser elevadas en momentos específicos del día, instrucciones para la lectura de la Biblia y muchas otras indicaciones. Al final del libro se encuentran tres himnos: uno matutino, uno vespertino, y uno para ser entonado por los estudiantes en caso de que se despertaran durante la noche para evitar los malos pensamientos. Los tres himnos terminaban con una doxología.

La palabra Doxología proviene de las raíces griegas *doxa* que significa Verdad o Creencia y *logos* que significa palabra. De este modo la palabra Doxología significa «Palabra de Verdad» o «Palabra de Doctrina».

Dado el carácter trinitario de la doxología final esta se hizo bastante popular entre las iglesias protestantes y aún hoy en día suele entonarse al iniciar los servicios religiosos en muchas iglesias.

La melodía con la que los hispanohablantes cantamos esta doxología fue originalmente compuesta por Louis Bourgeois en 1551, y se conoce como **The Old 100th** (*el antiguo 100*), por ser utilizada para entonar el salmo 100. En la versión actual de la melodía todas las notas tienen la misma duración y se agregan calderones al final de cada frase. Es una melodía sencilla de aprender, la cual sin recurrir a mayores acrobacias logra enfatizar el aire solemne del himno. Se desconoce el nombre del autor de la versión en español de este himno.

A Dios, el Padre celestial

Thomas Ken

Louis Bourgeois

ISAAC WATTS

El padre de los himnos modernos

Isaac Watts conocido en Inglaterra como el padre de los himnos nació en Southampton en 1674 mientras su padre estaba en prisión, y esto no por haber cometido crimen alguno sino por encontrarse dentro de un grupo de personas conocidos como los "no conformistas". Las circunstancias que dictaron los difíciles momentos de su nacimiento acontecieron décadas atrás.

Juan Calvino fue un hombre clave en la reforma protestante. Sus posturas sobre la justificación por la fe y su lucha por el protestantismo al igual que su cercanía a las familias poderosas de su época le permitieron gozar de amplia autoridad en el mundo cristiano. El calvinismo, los presbiterianos y varias otras iglesias protestantes lo tenían como el principal expositor de su credo. Calvino es relevante para nuestra historia porque siguiendo la tradición de San Agustín, afirmó que los cristianos debían cantar únicamente salmos pues estos habían sido inspirados por Dios y sus palabras eran las únicas que podían ponernos en comunión con Él y alabarle de forma apropiada y piadosa. Durante su época se publicó una versión genovesa de los salmos en versión métrica en lengua vernácula, lo que permitía que las congregaciones protestantes cantaran los salmos en su propio idioma. Dada la autoridad de Calvino, en buena parte de las iglesias de Inglaterra solamente se permitía cantar salmos y los himnos tendían a ser rechazados a punto tal que en ocasiones si se cantaba un himno, los que no estaban de acuerdo se levantaban y abandonaban el recinto hasta que el canto terminara.

La otra parte de la historia necesaria para entender la vida y obra de Isaac Watts ocurre con el Rey Enrique VIII. Su hermano mayor y sucesor al trono Arturo se casó con Caterine de Aragón, pero murió a las veinte semanas de la boda. Su padre el rey Enrique VII en un intento por mantener una alianza marital con España ofreció a Enrique como esposo para la viuda de su hermano. Para poder casarse Caterine tuvo que decir que su primer matrimonio nunca fue consumado por lo que se comprometieron pero luego Enrique dijo que no se quería casar. Cuando el rey Enrique VII murió su hijo fue coronado rey de Inglaterra y poco después cambió de opinión decidiendo que ahora sí se quería casar con Caterine quien había permanecido en Inglaterra como embajadora. Caterine quedó en embarazo siete veces pero sólo tuvo un hijo varón quien falleció al poco tiempo de nacer. Durante este tiempo Enrique tuvo varias amantes, una de ellas María Bolena con quien se dice que tuvo dos hijos a quienes nunca reconoció. También se enamoró de la hermana de su amante Ana Bolena. Convencido de que con Ana sí podría tener el hijo varón que tanto anhelaba decidió solicitar una anulación de su matrimonio con Caterine de Aragón, pero el papa Clemente VII no se la quiso otorgar.

Echó a su esposa del palacio, se casó a escondidas con Ana Bolena y luego oficiaron un matrimonio el cual fue declarado nulo por la Iglesia Católica, decisión a la que hizo caso omiso. Tras varias discusiones el parlamento de Inglaterra reconoció al Rey como la cabeza de la iglesia y se dio la separación definitiva entre la Iglesia Católica Romana y la Iglesia Católica Anglicana. Como Ana Bolena tampoco le pudo dar un hijo varón, pues para su desdicha cuando quedó embarazada de un niño sufrió un aborto a las quince semanas, el rey Enrique la mandó decapitar acusándola de adulterio. Al día siguiente se comprometió con Juana Seymour y a los once días se casaron. El monarca por fin pudo tener su tan anhelado hijo varón.

Inglaterra pasó de estar subordinada al papado a estarlo al Arzobispo de Canterbury y al Rey como cabeza principal de la iglesia. El resultado inevitable de la fusión del poder político y el poder religioso es la persecución y aniquilación de quienes no encajen dentro de esta unión por lo que muchos adeptos al catolicismo romano y al protestantismo fueron ejecutados por la Iglesia de Inglaterra. A los que no estaban de acuerdo con este nuevo orden de poderes en Inglaterra se los llamó "*no conformistas*" y eran perseguidos, muchas veces ejecutados o encarcelados y se les prohibía ejercer cargos públicos y el acceso a las universidades.

Por ser un no conformista el padre de Isaac Watts estuvo en prisión al momento de su nacimiento pero posteriormente fue puesto en libertad. A pesar de las restricciones Isaac estudió en instituciones disidentes donde aprendió varios idiomas y se formó en lógica, gramática, astronomía y geografía.

Sobre sus himnos existen varias anécdotas imposibles de comprobar como que su padre lo golpeaba por escribir poemas e himnos, o que un día en la iglesia él se quejó porque los cantos le parecían aburridos, fue retado a escribir algo mejor y al día siguiente se presentó con un himno. Lo que sí se puede afirmar con certeza es que a Isaac le parecía que los salmos métricos que se cantaban en las congregaciones eran apagados, carentes de expresión y aburridos por lo que empezó a escribir sus propias versiones métricas de los salmos. Su meta era crear una versión de los salmos que se sintiera familiar para los feligreses como si hubiesen sido escritos en su época y no miles de años atrás.

Su reinterpretación de los salmos fue tan radical que dejaron de verse como salmos métricos y empezaron a conocerse como himnos escritos por él. Un ejemplo de ello es el himno **Al mundo Paz**, el cual fue presentado como una versión de los salmos 98, 96, y génesis capítulo 3. Sin embargo al ser comparado con los textos bíblicos se puede ver que, aunque es posible identificar las ideas centrales se trata de un texto totalmente nuevo en sí. Cuando era criticado por sus himnos respondía que era importante tener cánticos originales de la vida cristiana. Sus himnos recibieron tal acogida entre las congregaciones que dieron inicio a una era completamente nueva en Inglaterra, y finalmente se permitió que los himnos se cantaran libremente en las iglesias. Esto llevó a que muchos otros se animaran a realizar sus contribuciones lo que resultó en una gran cantidad de producciones y una nueva cultura de alabanza. Se dice que Watts llegó a escribir más de 750 himnos a lo largo de su vida.

Sus publicaciones sobre poesía son **Horae Lyricae; Hymns and Spiritual Songs** (*Himnos y cantos espirituales*) (1707); **Divine Songs Attempted in Easy Language for the Use of Children** (*Cantos divinos presentados en lenguaje sencillo para niños*) (1715); y **The Psalms of David Imitated in the Language of the New Testament** (*Los salmos de David imitados en el lenguaje del Nuevo Testamento*) (1719). También escribió tratados sobre lógica, psicología y temas teológicos.

A demás de escritor también fue pastor de una iglesia independiente, cargo que debió abandonar debido a sus constantes quebrantos de salud.

Falleció el 25 de noviembre de 1748. Actualmente es reconocido y homenajeado por la Iglesia Anglicana, la Iglesia Luterana y la Iglesia Episcopal. Hay varios monumentos en su honor en su tumba y en algunos parques de Inglaterra.

CANTAD ALEGRES AL SEÑOR

Salmo 100

Cantad Alegres al Señor es uno de los cientos de himnos escritos por Isaac Watts. Es una adaptación métrica del salmo 100 y fue publicado inicialmente en 1706 bajo el título **Praise to the Lord from all nations** (*Alabanza al Señor de todas las naciones*) en el libro **Horæ Lyricæ** de Watts. Luego de ciertos cambios fue republicado en 1719 en su obra **Psalms of David Imitated in the Language of the new Testament.**

En la versión escrita por Watts el himno no alcanzó mayor renombre. Fueron una serie de modificaciones hechas por John Wesley, quien lo publicó en 1737 en su primer *Colección de Salmos e Himnos* (**Collection of psalms and hymns**), las que hicieron de este himno un clásico del mundo cristiano.

La melodía con la que los hispanohablantes conocemos este himno se titula Duke Street y fue compuesta por John Hatton en 1783. Fue traducido al español por Tomás José González Carvajal. En nuestro idioma se puede apreciar una gran similitud de la primer estrofa con los versículos 1 y 2 del Salmo 100. La segunda estrofa es paralela al versículo 3, y la última estrofa corresponde a los versículos 3 y 4 del salmo.

Cantad alegres al Señor

Isaac Watts

John Hatton

AL MUNDO PAZ

Salmo 98

Al mundo paz también fue escrito por Isaac Watts. Se publicó en 1719 en su obra titulada **Los salmos de David en el lenguaje del nuevo testamento**, obra en la que Watts escribió interpretaciones de los salmos en un lenguaje moderno para su época. Al mundo paz aparece en la página 253 de esta obra como la segunda parte del salmo 98 bajo el título **La Venida y El Reino del Mesías**. Justo antes de este salmo Watts escribió:

> *"En estos dos himnos que he formado del salmo 98 he expresado en su totalidad lo que para mí es el primero y principal sentido de las Sagradas Escrituras, tanto en este como en el salmo 96, cuyas conclusiones son similares."*

Al escribir este himno Watts no tenía la intención de que fuese utilizado como canto navideño. Tampoco lo escribió con una melodía en mente puesto que al ser una versión métrica se adaptaría a cualquier melodía que tuviera la misma métrica.

Pasaron más de cien años para que este himno se diera a conocer de manera amplia. Lowell Mason, un famosísimo compositor de himnos (compuso la melodía del himno Más cerca oh Dios de ti), mientras buscaba material para publicar en su himnario encontró el poema de Isaac Watts. Este texto le gustó y decidió escribirle una melodía. Mason era un gran admirador de Handel y decidió tomar unas notas de sus composiciones para dar forma a la música del himno a la cual llamó Antioch. El préstamo realizado se puede resumir de la siguiente manera: las primeras cuatro notas de Al mundo paz son las mismas cuatro notas del coro de **Lift up your heads** del Mesías de Handel.

La melodía fue publicada en 1837 como parte de una compilación de composiciones de Mason titulada Melodías para himnos y salmos ocasionales. En esta obra indica que es un arreglo derivado de Handel, y es en este arreglo en el que se hizo popular la repetición de la línea final de cada estrofa en una especie de fuga. Dada la fama y reconocimiento de Lowell Mason este himno se hizo rápidamente conocido y su melodía alegre se empezó a asociar con la navidad.

Watts falleció el 25 de noviembre de 1748, y nunca llegó a sospechar que cien años más tarde su sencillo poema **Joy to the world** se convertiría en uno de los cantos navideños más famosos.

Se desconoce el nombre de quien hizo la adaptación de este himno al español. En esta versión se puede apreciar que al momento de hacerla el himno ya era asociado claramente con la navidad.

Al mundo paz

George F. Händel
Lowell Mason

Isaac Watts

CRISTO, SEÑOR

Estad quietos, y conoced que yo soy Dios: ensalzado he de ser entre las gentes, ensalzado seré en la tierra
Salmos 46:10

Este himno duró más de un siglo en su etapa de gestación. Todo comenzó en la Alemania de finales del siglo XVII y comienzos del siglo XVIII. Era una época en la que el movimiento Luterano predominaba se animaba al estudio de la Biblia en grupos pequeños y se instaba a los fieles a escribir himnos en un movimiento conocido como el "pietismo". En este ambiente se crio Katharina Amalia Dorothea von Schlegel, nacida el 22 de octubre de 1697 en Köthen. Algunos dicen que es posible que poco después de cumplir los veinte años Katharina haya conocido al prodigioso organista y compositor Johann Sebastian Bach. No se sabe mucho de ella salvo que era amante de la poesía y su primer obra conocida fue el poema "**Stille, mein Wille, dein Jesus hilft siegen**" (*Calla, alma mía, Jesús te ayuda a ganar*), el cual se publicó en 1752 en el libro "**Neue Sammlung geistlicher Lieder**" (*Nueva colección de himnos*).

Cien años después de ser publicado por primera vez en alemán "Stille mein Wille" fue traducido al idioma inglés por Jane L. Borthwick en el país de Escocia bajo el título "**Be still my soul**" y se publicó en el libro "**Hymns from the Land of Luther, Series 2**" (*Himnos de la tierra de Lutero, Serie 2*). El poema original de Katharina consta de muchas estrofas pero Jane solamente tradujo cinco de estas y en la actualidad únicamente se cantan tres. Se intentó dar a conocer este himno con diversas melodías pero ninguna de ellas logró prevalecer hasta la llegada de un reconocido músico finlandés.

Johann Julius Christian Sibelius nació en el sur de Finlandia el 8 de diciembre de 1865 en Hämeelinna. Cuando aún era joven decidió adoptar la versión francesa de su nombre y desde ese momento se dio a conocer como Jean Sibelius.

Durante el tiempo de Sibelius Finlandia se encontraba bajo el dominio del imperio ruso y un fuerte sentimiento nacionalista y un deseo de independencia iba creciendo cada vez más en el pueblo finlandés. Sibelius inició sus estudios de derecho en la universidad que actualmente se llama Universidad de Helsinki. Sin embargo se retiró e ingresó a la escuela de música de Helsinki que hoy en día se llama Academia Sibelius en su honor. Continuó sus estudios en Berlín y en Viena y los culminó en 1891. El 10 de junio de 1892 contrajo matrimonio con Aino Järnefelt con quien estuvo casado por 64 años hasta su muerte y tuvo seis hijas. Sibelius marcó una nueva época en la música de Finlandia aportando mayor complejidad y poniendo su nombre y a su país en la lista de los grandes compositores.

En 1899 Jean escribió un poema patriótico sinfónico para animar a los finlandeses en las protestas contra la fuerte censura que estaban experimentando por parte de Rusia. Este poema inicia de forma vigorosa y turbulenta pero la parte final es una melodía serena conocida como "**Finlandia Hymn**" (*Himno de Finlandia*). Finlandia Hymn es una de las canciones patrióticas más representativas de este país. La letra de este himno fue compuesta por Veikko Antero Koskenniemi.

El poema de Katharina von Schlegel empezó a ser cantado con la melodía del Himno de Finlandia y fue así como gracias a la paz y calma transmitidas por la letra y música juntas llegó a hacerse conocido este himno, un siglo después del fallecimiento de su escritora. Fue traducido al inglés por Jane L. Borthwick y al español por Amadeo Maes.

Cristo Señor

K. V. Schelgel

Jean Sibelius

Rin - do mi ser a ti, mi Re - den - tor.
Rin - do mi ser a ti, mi Re - den - tor;
Rin - do mi ser a ti, mi Re - den - tor;

Oh, co - mu - ní - ca - me tu gran-de a-mor.
a - cep - ta hoy mi vi - da y mi a-mor.
con - fí-o en ti, ¡Oh Cris-to, mi Se - ñor!

SUBLIME GRACIA

Siendo justificados gratuitamente por su gracia, por la redención que es en Cristo Jesús
Romanos 3:24

John Newton nació en Londres el 4 de agosto de 1725. Su padre John Newton era el capitán de un barco mercante en el mediterráneo. Su madre Elizabeth era una cristiana no conformista quien desde la infancia le inculcó el temor de Dios. Elizabeth siempre tuvo una salud débil y su principal tarea en sus pocas fuerzas fue la de encargarse de la educación de su hijo. En una carta escrita por Newton a un amigo suyo dijo que su madre *"almacenó en su memoria valiosas partes, pedazos y porciones de la Escritura, catequismos, himnos y poemas"*. Elizabeth murió de tuberculosis el 11 de Julio de 1732 días antes de que Newton cumpliera los siete años. En ese momento su padre estaba en el mar y no llegó sino hasta el año siguiente por lo que el cuidado de John pasó por varias personas.

A los once años su padre lo llevó consigo en sus viajes y lo cuidó pero nunca logró suplir la falta de una madre. Newton siempre le tuvo miedo a su padre.

En 1742 su padre lo envió a hacerse cargo de unos negocios al condado de Kent, lo cual lo llevó a visitar a unos amigos de su madre que habían cuidado de ella en su casa hasta que falleció. Allí conoció a una chica de unos catorce años llamada Mary Catlett. La madre de

John Newton antes de fallecer había dicho que le gustaría que ella fuese la esposa de su hijo y Newton al verla se enamoró perdidamente.

"Ninguna de las escenas de miseria que viví después, la borraron de mi mente ni una sola hora de mis pensamientos, desde que me levantaba, por los próximos siete años"

Sobre su amor por ella confesó en una de sus cartas que fue lo único que lo detuvo de quitarse la vida en los momentos más difíciles.

Su padre ya retirado usó su influencia para conseguirle un puesto de importancia en un navío y ya libre de la vigilancia y control paternos, y debido a la influencia del capitán del barco Newton se volvió cada día más profano y rebelde. Durante estos años se libró en él una dura batalla entre las convicciones religiosas y morales que le enseñó su madre y el impulso de su espíritu rebelde. Siempre terminaba ganado su rebeldía y con cada ciclo se alejaba más de Dios. Esta amistad duró poco y decidió desertar de la flotilla en la que se encontraba. Sin embargo fue capturado por un grupo de soldados y llevado de vuelta a la flotilla, donde fue desnudado y azotado en público y finalmente degradado y puesto en aislamiento. Se ordenó a la tripulación que lo insultara y tratara mal lo que lo llevó a pensar en asesinar al capitán de su embarcación y luego suicidarse, pero no lo hizo pues no quería que su amada Mary pensara mal de él después de su muerte.

El barco en el que viajaba llegó a la ciudad portuaria de Plymouth en Inglaterra y allí, luego de rogar al capitán fue enviado a otro barco llamado Harwick. Su nueva embarcación se dirigía a África y resultó que el comandante de la embarcación era conocido de su padre. Debido a su conducta libertina se ganó la enemistad del capitán quien falleció al poco tiempo. Su sucesor demostró que John Newton tampoco era de su agrado. Newton decidió abandonar el barco y se quedó en África con poco más que la ropa que llevaba puesta.

Allí vivió con un traficante de esclavos quien lo dio a su esposa como su sirviente. Sufrió tremendamente hasta el punto de tener como almohada un pedazo de madera y mendigar por un poco de alimento del plato de su ama. De noche comía raíces crudas para saciar su hambre. Llegó a estar tan débil que no podía ni siquiera caminar o sostener un plato de comida con sus manos. Su ama le pedía a sus esclavos que imitaran su caminar y se burlaran de él mientras le aplaudían y le arrojaban piedras.

Al regreso de su amo éste decidió llevar a John consigo y por un tiempo lo trató bien, pero luego por desconfianza cuando el barco llegaba a tierra lo dejaba amarrado en la cubierta con un plato de arroz para el día. Cuando podía atrapar pescados los consumía medio crudos sin ningún tipo de condimento ni de sal pero de esta manera evitó morir de hambre. Cuando llovía se lo dejaba a la furia de la tormenta y el viento sin ningún tipo de protección, lo cual le produjo dolores que le acompañarían el resto de su vida *"como un necesario recordatorio del servicio y la paga del pecado"*.

Lejos de buscar el arrepentimiento tomó como su único refugio un libro de matemáticas el cual leía cada vez que podía y dibujaba sus diagramas en la arena de la playa.

Escribió dos cartas a su padre contándole su situación. Este entonces habló con un amigo quien envió a uno de sus capitanes en búsqueda de Newton. Mientras tanto su amo lo entregó a otro comerciante quien le dio un trato digno y pronto lo puso a cargo de sus negocios. Allí volvió a sus viejas costumbres y empezó a inclinarse por los rituales y ceremonias de los nativos.

Su amo lo envió a conseguir unos artículos de los barcos mercantes, y mientras andaban por la costa su compañero hizo señales a un barco el cual se acercó para negociar mercancías. Su amigo se acercó al barco en una canoa y la primera pregunta del capitán fue si conocía a John Newton. Al saber que se encontraba en la playa el capitán fue hasta él y con historias inventadas lo convenció de regresar a Inglaterra. Deseoso de ver de nuevo Mary Catlett decidió volver con el capitán y así, en febrero de 1747 acabaron los quince meses de su esclavitud.

Durante el año que duró el barco viajando en su ruta comercial Newton volvió a su vida de pecado y blasfemia al punto de inventarse nuevas groserías a diario y burlarse de las historias de la Biblia. En mayo de 1748 mientras se dirigía a Inglaterra una fuerte tormenta azotó al barco en que viajaban y varios de sus compañeros fueron arrastrados por el mar impetuoso. Newton mismo pensó que moriría. El barco se inundó en su mayoría pero gracias al cargamento de madera y cera de abejas se pudo mantener a flote. En un momento en medio de la tormenta dijo:

"si esto no nos mata, es porque el Señor nos tiene misericordia"

Sin embargo, sentía que si el cristianismo de algún modo era cierto no había posibilidad de perdón para él.

El día siguiente se vio sumido en reflexión, recordó sus creencias religiosas y cómo acostumbraba a burlarse de las historias de la Biblia. Se convenció a sí mismo de que había pecado demasiado y ya no había posibilidad de perdón para él. Intentó orar pero sin fe. Los días siguientes mientras navegaba en un barco gravemente dañado por la tormenta los empleó en meditar y leer la Biblia al tiempo que oraba a Dios pidiendo misericordia e instrucción. Finalmente luego de cuatro semanas a la merced del viento llegaron a una isla en Irlanda y allí John Newton finalmente volvió a creer en la existencia de Dios. Nunca pudo agradecer a su padre pues este falleció ahogado cuando le dio un calambre mientras se bañaba en el mar. Antes de morir su padre dejó por escrito su aprobación para que se casara con la mujer de la que se había enamorado. Newton se comprometió con ella mediante una carta, y luego de un viaje al áfrica contrajo matrimonio con el amor de su vida Mary Catlett el primero de febrero de 1750.

A pesar de haber sufrido la dureza de la esclavitud en carne propia John Newton se dedicó por nueve años al comercio de esclavos, y como capitán de barco hizo varios viajes al África con ese fin. Durante su último viaje en este negocio conoció a un capitán quien era un devoto cristiano. Con él hablaron durante el tiempo que estuvieron en el mismo puerto y gracias a esta amistad Newton obtuvo una comprensión más clara de la vida cristiana y de la Biblia. Este amigo le dio indicaciones de cómo ponerse en contacto con cristianos en Inglaterra. Cuando se disponía a hacer otro viaje al áfrica, mientras tomaba el té con su esposa sufrió lo que luego él mismo describiría como un derrame el cual lo dejó inmóvil e inconsciente durante aproximadamente una hora. Continuó con dolor y mareos por lo que el médico le recomendó no viajar, y el día anterior a la partida del viaje John Newton renunció al comando de su barco. De esta manera finalmente se vio libre del comercio de esclavos, algo que durante mucho tiempo le había producido cierta incomodidad.

Se mudó a Londres donde se puso en contacto con personas que compartían su deseo de conocer a Dios y así finalmente logró por completo superar su oscuro pasado de rebeldía, groserías, pecaminosidad y dudas acerca de la existencia de Dios.

A los veintinueve años comenzó realmente a vivir libre del miedo al infierno que lo había perseguido y pudo vivir otros cincuenta y tres años de servicio a Dios. Pasó el resto de su vida sumergido en el estudio, la devoción y predicando de vez en cuando. En 1764 a los 39 años fue ordenado sacerdote de la Iglesia Anglicana, y llegó a ser un predicador conocido y respetado tanto por los no conformistas como por los anglicanos.

En 1788 publicó un tratado titulado *Reflexiones sobre el comercio de esclavos africanos* en el cual expresó públicamente su rechazo a la esclavitud y manifestó su profundo arrepentimiento por haber sido parte de este negocio.

En 1799 publicó una serie de poemas escritos por él y por su amigo William Cowper bajo el título **Olney Hymns**. Entre éstos apareció por primera vez el poema **Amazing Grace How sweet the sound** (*sublime gracia, cuán dulce sonido*). Usó como texto bíblico para este himno 1 Crónicas 17:16-17. Sublime Gracia llegó a ser su himno más conocido, siendo un testimonio de cómo la gracia divina lo llevó de ser un infeliz esclavo hambriento en el África a trabajar incansablemente para la causa de Dios.

Sin embargo este nuevo himno no fue conocido de inmediato y estuvo en el relativo anonimato durante varios años. Newton no lo publicó con ninguna melodía y durante ese tiempo era común como lo es aún en algunos casos, cantar varios himnos con la misma tonada. En algunas publicaciones en Inglaterra se asoció a la melodía "hephzibah". Se especula que la melodía New Britain que se canta comúnmente con el himno Sublime Gracia se originó en escocia debido a que comparte muchas características con la música de esta región. De ser así probablemente esta melodía llegó a los Estados Unidos con los inmigrantes escoceses. La primera vez que apareció publicado el himno con la melodía "New Britain" fue en 1847 en una colección de himnos titulada Virginia Harmony publicado en los Estados Unidos por el músico y profesor de canto William Walker.

Sublime gracia nunca fue acogido por el cristianismo en Inglaterra y no se lo consideraba un buen ejemplo de la obra de John Newton. Fue al otro lado del Atlántico donde este himno encontró su hogar durante el gran reavivamiento que se extendió por todo Estados Unidos en 1800. Sublime Gracia era un himno que podía ser cantando en todas las denominaciones, era fácil de memorizar e iba en concordancia con los sermones predicados en esa época los cuales eran más emotivos, centrados en el arrepentimiento y el perdón de Dios. Es muy fácil asociar la letra de Sublime Gracia con la experiencia personal de millones de personas que pertenecen a las clases trabajadoras que han tenido que luchar contra las dificultades de la vida.

Predicadores como Moody y Sankey incluyeron a Sublime Gracia entre los himnos cantados en sus campañas evangelísticas. El gran éxito de estos predicadores catapultó este himno y lo arraigó profundamente en la cultura estadounidense.

En la actualidad Sublime Gracia es un himno conocido por todo el mundo cristiano tanto en inglés como en español. En Estados Unidos es cantado y amado por la mayoría de la población y ha sido grabado por múltiples músicos que no necesariamente se dedican a la música sacra como es el caso de Elvis Presley y Steven Tyler.

Una vez conocida la historia de John Newton podemos mirar el texto originalmente escrito por él y entender cómo este himno es una expresión sentida, proveniente de lo más profundo de su alma, es una muestra de arrepentimiento, gratitud y admiración a la maravillosa gracia que sólo proviene de Dios. Las dos versiones más conocidas en español son de Carlos A. Steger y Cristóbal E. Morales.

Sublime Gracia

John Newton

arr. E. O. Excell

ROCA DE LA ETERNIDAD

Siendo justificados gratuitamente por su gracia, por la redención que es en Cristo Jesús
Romanos 3:24

Augustus Montague Toplady nació el 4 de noviembre de 1740 en Farham, Surrey, Inglaterra. Su padre formó parte de la armada inglesa que intentó tomar Cartagena de Indias. Allí falleció poco después del nacimiento de su hijo por lo que Augustus quedó huérfano cuando solo tenía un año. Su hermano Francis también falleció durante la infancia. Augustus destacó como estudiante y durante esa época se ganó la vida haciendo los trabajos escolares de sus compañeros. Estudió Artes en el Trinity College en Dublín. Partiendo de su deseo de instruirse en los asuntos religiosos aprendió hebreo y griego para poder estudiar los textos bíblicos en su idioma original.

Según su propio testimonio, en agosto de 1756 cuando tenía dieciséis años providencialmente llegó a un granero donde un predicador llamado Morris explicaba a un pequeño grupo de personas el versículo de Efesios 2:13: "*Mas ahora en Cristo Jesús, vosotros que en otro tiempo estabais lejos, habéis sido hechos cercanos por la sangre de Cristo.*" Este sermón lo impactó tanto que salió lleno de alegría sintiendo que había sido "llamado por la gracia de Dios".

En 1762 fue ordenado diácono de la iglesia anglicana. Sus convicciones religiosas especialmente relacionadas con la predestinación le acarrearon una disputa con Charles Wesley la cual pasó de la disertación teológica a los ataques personales. Esta enemistad nunca se dirimió.

Compuso varios himnos pero el único que llegó a ser ampliamente conocido es Roca de la eternidad. En sus diarios Augustus se refirió a Dios en varias ocasiones como la Roca de la Eternidad. Sin embargo no menciona si hubo una circunstancia especial para escribir este himno. Lo publicó por primera vez en el Gospel Magazine en 1776.

Una historia popular que no ha sido comprobada es que un día mientras Augustus se dirigía a predicar en un pueblo vecino se vio en medio de una tormenta repentina la cual lo obligó a buscar refugio. Fue en ese momento en el que vio una hendidura en una roca al lado del camino y allí se escondió a salvo de la tormenta. En ese lugar escribió las primeras palabras del himno Roca de la Eternidad y una vez en su casa terminó las estrofas. La roca en la que se cree que se refugió se encuentra en Burrington Combe y está marcada con una placa conmemorativa que dice:

"Roca de la eternidad. Esta roca deriva su nombre del conocido himno escrito alrededor de 1762 por el Reverendo A. M. Toplady quien fue inspirado mientras se resguardaba en esta roca durante una tormenta"

De lo que sí no cabe duda es que el autor se inspiró en la gran cantidad de versículos bíblicos que se refieren a Cristo como la Roca Eterna,y en las escenas de su sacrificio expiatorio. Toplady falleció de tuberculosis el 11 de agosto de 1778.

La melodía con la que conocemos este himno fue compuesta por el músico estadounidense Thomas Hastings en 1830 quien la llamó Toplady en honor al escritor del himno. Fue traducido al español por Tomás M. Westrup.

Roca de la eternidad

NOCHE DE PAZ

Y había pastores en la misma tierra, que velaban y guardaban las vigilias de la noche sobre su ganado
Lucas 2:8

Noche de paz es tal vez el canto navideño más conocido y querido de todos los tiempos. La letra fue escrita por Joseph Mohr en 1816. Mohr nació en Salzburgo, Austria, el 11 de diciembre de 1792 y fue ordenado sacerdote de la iglesia católica romana el 21 de agosto de 1815. De niño recibió formación musical gracias a Johann Nepomuk Hiernle, vicario y líder de música en la Catedral de Salzburgo. En su infancia trabajó como cantante y violinista en los coros de la iglesia de la universidad y en el monasterio Benedictino de la iglesia de San Pedro. En 1811 ingresó al seminario y cuatro años más tarde fue ordenado sacerdote, no sin antes tener que obtener una dispensación especial de parte del papa por ser hijo ilegítimo ya que su padre Franz Mohr abandonó a su madre Anna Schoiberin antes de que Joseph naciera.

Un año después de su ordenamiento, mientras oficiaba como asistente de una capilla escribió un poema de seis estrofas titulado **Stille Nach, heilige Nacht** (*Noche silenciosa, noche santa*). Al parecer no le dio mayor importancia a su propia creación pues durante dos años lo dejó en el olvido, y se habría perdido para siempre de no ser por las circunstancias providenciales que se dieron en diciembre de 1818.

El órgano de la iglesia de San Nicolás donde Mohr ayudaba con el canto se averió. El motivo del daño no está claro. Algunos dicen que los ratones habían arruinado los tubos del órgano. Sin embargo la teoría que es más aceptada actualmente es que los tubos se corroyeron debido a la humedad en la capilla. Esta avería en el órgano amenazó con dejar sin cantos el servicio de navidad de ese año por lo que Joseph Mohr desempolvó su poema y buscó a su amigo Franz Xaver Gruber quien era maestro y organista en un pueblo cercano llamado Arnsdorf, y le solicitó que compusiera la música para su poema y un acompañamiento para dos voces, coro y guitarra.

Gruber compuso entonces una melodía sencilla y fácil de aprender dado la inmediatez de la navidad pero que además encajaba perfectamente con la letra. La melodía inicia de manera tranquila como dibujando esa noche santa y callada en los dos primeros compases que son exactamente iguales, luego en los compases tres y cuatro se eleva un poco para luego volver a descansar en los cuatro compases siguientes y finalmente elevarse como si nos transportara a las alturas celestiales, a la vez que la letra nos habla de la paz celestial, Cristo el Salvador y Cristo en su nacimiento. Sobre este episodio Gruber escribió:

> "Era el 24 de diciembre del año 1818, cuando el pastor asistente Joseph Mohr en la recién establecida parroquia de San Nicolás en Oberndorf, Austria le entregó al organista representado por Franz Gruber (quien en ese momento también era profesor en la escuela de Arnsdorf) un poema, con la solicitud de escribirle una melodía para solo dos voces más coro y un acompañamiento en guitarra."

Nunca sabremos si la prisa de Joseph Mohr fue porque el órgano amaneció dañando ese día sin que él se percatara hasta esa mañana o si este afán fue producto de la procrastinación. Lo cierto es que la inmediatez del momento produjo el escenario para que se compusiera una melodía sencilla, fácil de cantar y de aprender lo que a futuro ayudaría a que Noche de paz se esparciera por todo el mundo. Ese mismo día en la misa de medianoche se entonó por primera vez el canto Noche de paz en la capilla de San Nicolas, el 24 de diciembre de 1818. Joseph Mohr hizo la voz de tenor y tocó la guitarra, Gruber cantó el bajo y el coro de la iglesia se les unió cantando a cuatro voces en las dos últimas líneas de cada estrofa. En su relato sobre noche de paz Gruber dice que los presentes en su mayoría recibieron este canto de forma favorable.

Esta composición no traspasó las fronteras del pueblo en el que se compuso hasta que en 1819 el organista Carl Mauracher fue a reparar el órgano de la capilla de Arnsdorf. Allí conoció a Gruber y vio una copia de noche de paz. Le gustó tanto este canto que lo llevó a su pueblo y desde allí se empezó a dar a conocer y fue incorporado en el repertorio de varias familias cantoras del valle de Tirol. Estas familias viajaban por Europa cantando y fue así como Noche de paz llegó poco a poco a convertirse en el canto más representativo de la Navidad.

La versión en español se le atribuye a Federico Fliedner, un alemán misionero que se radicó en España y ayudó activamente a la formación de iglesias protestantes.

Noche de paz fue declarado Patrimonio Cultural Intangible de Austria por la UNESCO.

Historias alrededor de Noche de Paz:

Durante años la melodía se atribuyó a Haydn, Mozart y Beethoven, hasta que en 1994 se encontró un manuscrito de Joseph Mohr con lo que finalmente se disipó toda duda sobre quién era el compositor verdadero.

En algunos sitios se asevera que Noche de paz quedó olvidada en un viejo órgano/piano hasta que un día mientras lo reparaban encontraron un papel con la letra y música y así fue como se dio a conocer.

Se dice que durante la tregua navideña en la segunda guerra mundial, el 24 de diciembre de 1914 los soldados alemanes e ingleses empezaron a cantar noche de paz, cada uno desde sus trincheras y luego salieron a la tierra de nadie donde entonaron este himno a la vez en dos idiomas. Aunque en la vida real no aconteciera de esta manera, la tregua de navidad sí sucedió cuando los soldados alemanes adornaron sus trincheras y pusieron árboles de navidad. Luego empezaron a cantar villancicos y los soldados ingleses respondieron elevando sus propios cantos navideños. Es probable que uno de los cantos haya sido Noche de Paz. Luego ambos bandos salieron de las trincheras, cantaron juntos, intercambiaron cigarros, bebidas y artefactos y aprovecharon la tregua para recoger los cuerpos de los soldados caídos de ambos bandos. Se ofició un servicio religioso y durante todo el día cesó el fuego de ambos bandos.

Mucho se ha especulado sobre qué inspiró a Joseph Mohr a escribir Noche de Paz. La realidad es que ni él ni Gruber hacen mención alguna acerca de si el poema fue inspirado por algún evento especial, por el paisaje solitario de la región o por la meditación sobre la noche en que nació Jesús.

Noche de paz

Joseph Mohr

Franz X. Gruber

FANNY CROSBY

Frances Jane van Alstyne, mejor conocida como Fanny Crosby, nació el 24 de marzo de 1820 en Brewster, Nueva York. Fue la única hija de John y Mercy Crosby. Tenía poco más de un mes cuando a finales de abril sus padres notaron que sus ojos estaban enrojecidos e inflamados. El médico de la comunidad no se encontraba en el momento por lo que acudieron a un hombre quien decía ser médico. Este aplicó cataplasmas sumamente calientes sobre los ojos de la bebé, y ante la preocupación de la familia por este dudoso procedimiento les tranquilizó diciendo que esto no le produciría daño alguno. Aunque la infección gradualmente desapareció, se formaron unas feas cicatrices blancas en sus ojos y pronto la familia notó que a sus seis semanas de vida la pequeña había perdido la vista. Por miedo a ser ajusticiado el supuesto médico huyó del lugar y nunca más se volvió a saber de él.

No fue este el único infortunio que aconteció a la pequeña Fanny en su primer año de vida. Noviembre de ese año fue bastante lluvioso, pero su padre a fin de conseguir el sustento para su familia trabajó en los campos aún bajo fuertes lluvias. Un día llegó a casa con un terrible resfriado y a los pocos días falleció. Mercy la madre de Fanny debió emplearse como sirvienta en la casa de una familia adinerada, por lo que el cuidado de Fanny quedó principalmente a cargo de su abuela.

A pesar del daño permanente a sus ojos, Fanny podía percibir la luz muy intensa y en ocasiones lograba distinguir varios matices. Sobre su ceguera escribió:

> "He oído que este médico nunca dejó de expresar su remordimiento por este acontecimiento… pero si pudiera hablar con él ahora, le diría, 'gracias, gracias – una y otra vez – *por volverme ciega, si fue por medio suyo que esto me sucedió.*' … y si mañana se me ofreciera la vista terrenal perfecta, no la aceptaría… Creo que fue Su intención (de Dios) que yo viviera mis días en oscuridad física, para estar mejor preparada para cantar sus alabanzas… no podría haber escrito miles de himnos … si hubiese sido obstaculizada por las distracciones de ver todos los objetos hermosos e interesantes…"

A pesar de no poder ver Fanny no era una niña sedentaria y se divertía jugando con los niños de su edad, podía subir a los árboles y montar a caballo. Aunque a veces asistía a la escuela no podía estudiar pues el alfabeto braille no era común en ese entonces. Cuando en ocasiones se le privaba de ir a algún lugar o se le desanimaba de sus esperanzas infantiles, acudía a Dios en oración y casi podía oírlo decir **"No te desanimes pequeña: un día serás feliz y útil, incluso en tu ceguera"**.

Con su agudo oído podía distinguir cada palabra de los himnos, y desde niña se preguntaba quiénes eran las personas que los escribían y si alguna vez ella podría escribir un himno que las demás personas cantaran. Poco imaginaba ella en ese entonces que llegaría a ser una de las personas que más ha aportado himnos al cristianismo en los últimos cien años.

Se le enseñó la Biblia de manera diligente y según ella misma cuenta en su autobiografía, a los diez años podía recitar los cuatro primeros libros del antiguo y del nuevo testamento sin cometer un solo error. También se le enseñó literatura y poesía secular y a los ocho años produjo su primer poema titulado **Oh what a happy child I am** "*Oh que niña tan feliz soy*".

Oh, what a happy child I am,
Although I cannot see!
I am resolved that in this world
Contented I will be.

How many blessings I enjoy
That other people don't!
So sweep or sight because I'm blind,
I cannot, nor I won't!

Oh qué niña alegre soy
aunque no puedo ver
He resuelto que en este mundo
siempre contenta estaré

Cuántas bendiciones disfruto
que otras personas no pueden
Y llorar o suspirar por ser ciega
No puedo, no lo haré.

Fanny escribía poemas sobre la naturaleza que la rodeaba y los dictaba a su madre quien pronto notó que estos eran bastante buenos para su corta edad. El único motivo por el cual Fanny lamentaba su ceguera era por no poder leer por sus propios medios y depender de su madre o amigos. Era tal su tristeza que en ocasiones se acostaba a dormir llorando pero luego de orar siempre se llenaba de fortaleza y alegría.

A los quince años y gracias al apoyo de familiares y amigos pudo entrar a estudiar a la escuela para ciegos de Nueva York. A los veintidós años ya era considerada competente para enseñar gramática, retórica e historia antigua y moderna, y llegó a ser instructora de su instituto. Presentó sus poemas ante el Senado del estado de Nueva York y en 1844 se le animó a publicar un libro con sus poemas titulado "The blind girl and other poems" (*la niña ciega y otros poemas*). Fue durante el proceso de publicación de este libro que su nombre completo fue abreviado a Fanny Crosby. En este libro se publicó su primer himno titulado **An evening hymn** (*un himno vespertino*).

Ese mismo año ingresó a su escuela un joven invidente llamado Alexander Van Alstyne cuya madre le pidió a Fanny que estuviera pendiente de él en el instituto. Durante cuatro años recibió clases allí, varias de ellas de parte de Fanny Crosby. Se graduó y estudió luego griego, latín y teología. Años después, en 1855 regresó al instituto para los ciegos como profesor. En 1858 Fanny y Alexander se casaron. Alexander era un músico apasionado y compuso la música para varios de los himnos de su esposa.

Al rededor de 1859 la pareja tuvo un bebé. No se sabe si fue niño o niña pues nunca hablaban del tema y el único testimonio de su existencia son las breves palabras que Crosby dejó: (en español no hay género neutro así que usaré el masculino para la traducción)

"Fui madre y conocí el amor maternal. Dios nos dio un tierno bebé. Los ángeles descendieron y llevaron a nuestro pequeño para estar con Dios en su trono".

Durante los años cincuenta y sesenta Fanny Crosby escribió varias canciones seculares, poemas y cantatas que recibieron amplia acogida. Sin embargo su periodo más próspero estaba aún por llegar. En 1864 conoció a William Bradbury, un ya famoso compositor de melodías para himnos. La invitación que recibió de parte de Bradbury fue la siguiente:

"Durante años, he estado deseando que escriba para mí, pero nunca tuve la oportunidad de hablarle sobre este asunto. Desearía que empiece de inmediato."

Un sueño la animó más aún a iniciar sin demora su labor.

"Estaba en un inmenso observatorio, y ante mí el más grande telescopio que haya imaginado. Podía ver todo plenamente (pues, en mis sueños más vívidos, el sentido de la vista aparece plenamente restaurado). Mirando en la dirección señalada por mi amigo, vi una estrella muy brillante y cautivadora, y gradualmente fui llevada hacia ella dejando atrás otras estrellas, y una gran

cantidad de escenarios celestiales que no tengo la fuerza aún para describirlos.

Al fin llegamos a un río, y nos detuvimos allí. *'¿No puedo seguir adelante?'* Le pregunté a mi guía. *'No ahora, Fanny'*, fue su respuesta. *'Debes regresar a la tierra y cumplir tu trabajo allí, antes de entrar a estos límites sagrados; pero mientras te vas, mantendré las puertas abiertas un poquito, para que puedas escuchar un destello de la música eternal.'*

Pronto oí acordes de una melodía tal que nunca había pensado que podría existir en ningún lugar: el solo recordarla me llena de emoción. Y al escribir mis himnos, el recuerdo de este viaje hacia la estrella, siempre me alegra y me inspira".

Durante cuatro años casi hasta la muerte de Bradbury trabajaron juntos y se produjeron tres volúmenes de himnos. Cada uno de estos contenía entre treinta y cuarenta himnos de autoría de Fanny Crosby, quien llegó a escribir hasta siete himnos por día. A este ritmo no es de extrañar que según su mismo relato, escribió más de cinco mil himnos y algunos sitúan la cuenta en más de nueve mil.

Su primer himno conocido a nivel mundial fue "**Pass me not o Gentle Saviour**" (*No me pases oh amante Salvador*, traducido al español como *No me pases no me olvides*) escrito en 1868. Sin embargo, el himno más conocido de toda su carrera fue "**Safe in the arms of Jesus**" (*Salvo en los brazos de Jesús*, traducido al español como *Salvo en los tiernos brazos*). Lo escribió cuando un amigo suyo W. H. Doane le enseñó una melodía y le pidió escribir un himno que se le ajustara. Ella exclamó: "*Ahí dice Salvo en los brazos de Jesús*". Se dirigió a su cuarto y en treinta minutos regresó con este himno que en los países de habla inglesa se suele entonar mucho en los servicios fúnebres y en momentos de gran dificultad. Algunos especulan que la pérdida de su bebé pudo haberle servido de inspiración para este himno.

Un solo compositor nunca dio abasto para la gran cantidad de himnos que produjo, muchos de los cuales quedaron en el olvido sin ser nunca publicados. Los compositores estadounidenses cristianos más influyentes de su época escribieron melodías para varios de sus textos. Muchos otros fueron publicados bajo seudónimos.

Fanny Crosby falleció el 12 de febrero de 1915 en Bridgeport, Connecticut a la edad de 94 años. Mantuvo siempre la lucidez mental.

Algunos de sus himnos más conocidos en idioma español son:

Paso a paso Dios me guía
En Jesucristo mártir de paz
Oh qué salvador / Me escondo en la roca
Tuyo soy Jesús / aún más cerca
Con voz benigna te llama Jesús
No me pases no me olvides
Lejos de mi padre Dios
Alabadle fiel salvador compasivo
Comprado con sangre por Cristo
Salva a tus prójimos
Salvo en los tiernos brazos
Un día yo he de faltar
Dejo el mundo y sigo a Cristo
A Dios sea gloria

DIOS OS GUARDE

Jeremiah Eames Rankin nació en Thornton, New Haven el 2 de enero de 1828. Estudió en el Middelburg College y en Andover. Fue ministro de la primera iglesia de Washington D.C. También era abolicionista y promotor del movimiento de la temperancia. Fue el sexto presidente de la Universidad de Howard en Washington D.C. donde también ejerció como profesor de homilética y teología.

Sobre el motivo que lo llevó a escribir el himno Dios os guarde en su divino amor dejó el siguiente relato:

"Escrito en 1882 como una despedida cristiana, no fue inspirado por ninguna persona ni circunstancia, sino compuesto deliberadamente como un himno cristiano basado en la etimología de la palabra 'good-bye', la cual es 'Dios sea contigo'. Se escribió la primera estrofa y se envió a dos compositores, uno más bien conocido, y el otro totalmente desconocido y sin ninguna educación musical. Elegí la composición del segundo, se la envié a J. W. Bischoff, el director musical de un pequeño libro que estábamos preparando, quien la aprobó, pero le hizo algunos reparos los cuales fueron adoptados.

> Fue cantado por primera vez una noche en la Primer Iglesia
> Congregacional de Washington, de la cual yo era en ese entonces
> pastor, y el señor Bischoff el organista. Le atribuyo su popularidad
> en gran parte a la música. Fue un matrimonio de la palabra y
> la música, en el cual mi función fue la de presidir; pero el señor
> Tomer es quien debe recibir todo el honor familiar."

El compositor de la melodía de este himno era un hombre desconocido llamado Gould Tomer. Sobre su vida se sabe muy poco salvo que era descendiente de alemanes, estudió música y empezó a desempeñarse como profesor de escuela a los diecisiete años. Fue soldado durante la guerra civil y conserje en el departamento del tesoro. También se sabe que cantaba en el coro de su iglesia. Cuando escribió la melodía de "Dios os guarde" en 1882 trabajaba como profesor en una escuela. Escribió la letra y música de otros himnos pero ninguno de ellos recibió acogida y actualmente solo se le recuerda por su colaboración con este himno.

Una de las afortunadas coincidencias entre el inglés y el español es que la palabra *Goodbye* y *Adiós* tienen etimologías que bien podrían ser comparables entre sí. *Goodbye* se formó como una abreviatura de la frase para despedirse "*God be with you*," y que siguiendo la regla de la lingüística que dicta que los idiomas tienden a buscar la simplicidad se fue acortando hasta terminar siendo *Goodbye*, e incluso más simplificado en la actualidad a un sencillo *Bye*. En español sucede algo similar. La palabra *Adiós* proviene de las despedidas "*a Dios te encomiendo*", "*A Dios encomiendo tu alma*", "*a Dios vais*", etc.

Una interesante implicación de esto es que siempre que le decimos "*adiós*" o "*goodbye*" a alguien, sin saberlo lo estamos encomendando al cuidado divino.

Este himno fue traducido al español por P. Aguirre de la Barrera.

Dios os guarde

Jeremiah E. Rankin

William G. Tomer

PHILIP PAUL BLISS

Philip Bliss nació el 9 de julio de 1838 en el seno de una familia religiosa y amante de la música. Desde muy pequeño disfrutaba del canto de sus padres y cuando su edad se lo permitió se unía a ellos entonando himnos. Cuando pudo, empezó a trabajar en fincas y campamentos madereros y recibió la educación que se podía obtener en el campo. Su amor por el estudio y la música le permitieron con tan solo dieciocho años trabajar parcialmente como profesor en una escuela. Poco tiempo después recibió finalmente una formación formal en música y se fue haciendo renombre como director de servicio de canto, profesor de música y solista barítono.

Publicó su primera colección de himnos en 1874, la cual fue sucedida por más de cincuenta himnarios y colecciones los cuales incluyeron varios textos y melodías de su propia autoría. Dedicó su vida al canto y al trabajo editorial para promover los himnos en las comunidades cristianas, lo que le permitió trabajar junto a grandes evangelistas como Sankey y Moody. Gracias a su intenso trabajo y dedicación, pasó de ser un humilde campesino a recibir una suma considerable por las regalías de sus publicaciones. Sin embargo, en 1874 donó todo el dinero que había obtenido, en total treinta mil dólares a un evangelista.

Falleció de forma trágica en el accidente ferroviario de Ashtabula, Ohio, el 30 de diciembre de 1876. El puente que cruzaba el tren en el que iban Bliss y su esposa Lucy se vino abajo mientras lo cruzaban. Philip sobrevivió al accidente y logró escapar de entre los restos del tren, pero notó que su esposa aún continuaba dentro por lo que fue a rescatarla y nunca más se le vio. El tren se incendió y no se pudieron recuperar los restos de Philip y Lucy Bliss. Cerca de cien personas fallecieron en este accidente.

Algunos de los himnos más conocidos, cuya letra y/o melodía fueron obra de Philip Bliss son:

Te sientes casi resuelto
Cuánto me alegra
Oh, cantádmelas otra vez
Estoy bien con mi Dios
Honra al hombre de valor
Esparcid la luz de Cristo
Ven, alma que lloras
Te sientes casi resuelto

MAS CERCA OH DIOS DE TI

Y despertó Jacob de su sueño, y dijo: Ciertamente Jehová está en este lugar, y yo no lo sabía
Génesis 28:16

Sarah Fuller Flower Adams nació el 22 de febrero de 1805 en Great Harlow, Essex, Inglaterra. Sus padres Benjamin Flower y Eliza Gould contrajeron matrimonio en 1800. Por sus posturas religiosas eran llamados no conformistas. Debido a sus creencias su madre quien era maestra de escuela perdió su trabajo, y su padre estuvo en prisión en 1799 por defender la libertad de expresión.

Su hermana mayor Eliza nacida en 1803 fue compositora y músico talentosa, lo cual se complementó con el talento de Sarah de escribir poemas e himnos. Su madre falleció en 1810 cuando Sara tenía cinco años. Al no poder asistir a la escuela debido a su condición de no conformistas su padre las educó desde casa con la ayuda de amigos maestros.

Sarah escribió poemas para varios periódicos al igual que críticas de arte. Luego de la muerte de su padre en 1829 el reverendo William Johnson Fox se hizo cargo de las dos hermanas y a cambio ellas colaboraban con el servicio de la iglesia en la que el reverendo ministraba, Eliza ayudando en la música y Sarah escribiendo himnos.

Como escritora para el Monthly Repository Sarah conoció a un colega viudo llamado William Bridges Adams con quien se casó el

24 de septiembre de 1834. Quiso entonces emprender una carrera en el teatro teniendo éxito inicialmente, pero sus aspiraciones se vieron truncadas debido a un debilitamiento de su estado de salud lo que la forzó a abandonar su sueño y volver a la literatura.

Empezó a perder el sentido del oído pero esto no le impidió proseguir con su producción literaria. Escribió una serie de trece himnos, los cuales fueron publicados en 1841 por William Johnson Fox en la colección **Hymns and Anthems** con melodías compuestas por su hermana. En esta colección se encontraba el himno Más cerca oh Dios de ti. Escrito en 1840, este himno fue inspirado en el sueño de la escalera de Jacob y en la experiencia cristiana de Sarah. Las referencias a este relato bíblico se han perdido un poco en la versión en español pero en la letra original en inglés se pueden apreciar claramente.

De no haberse visto truncadas sus aspiraciones actorales por la enfermedad tal vez el mundo se habría perdido para siempre de este grandioso himno. Sarah falleció posiblemente de cáncer el 14 de agosto de 1848 dos años después de la muerte de su hermana mayor, y fue enterrada junto a toda su familia.

Una peculiaridad que no se ve en este himno a menos que sea expuesta, es que dada la creencia unitaria de Sarah el himno va dirigido a **Dios** como una sola persona, y no menciona al **Hijo** y al **Espíritu Santo** como personas separadas como lo hacen gran parte de los himnos de compositores trinitarios. Esto no ha sido impedimento para que **Más cerca oh Dios de ti** sea entonado en las congregaciones cristianas unitarias y trinitarias por igual. Sin embargo, hubo varios intentos por modificar partes del texto original de Sarah y en algunas publicaciones se le añadieron estrofas donde era bastante evidente la intención de forzar una versión trinitaria de este himno. Estas modificaciones no afectaron notablemente las versiones en español. Al final solo se hicieron populares pequeños cambios a la letra y una sexta estrofa fue añadida para darle un cierre al himno.

La melodía más común con la que se conoce este himno en todo el mundo se titula Bethany y fue compuesta por el músico Lowell Mason en 1856. En la iglesia metodista de Inglaterra se utiliza una melodía diferente conocida como **Propior Deo** (*más cerca de Dios*) compuesta por Arthur Sullivan en 1872. Este arreglo es muy similar al de Lowell Mason. Gracias a esta similitud, cuando los músicos del RMS Titanic tocaron este himno los pasajeros ingleses y norteamericanos lo pudieron reconocer por igual. Dado que uno de los músicos del Titanic era el metodista Wallas Hartley, quien debió estar familiarizado con la melodía Propior Deo más no con Bethany, es probable que la melodía utilizada por los músicos en esa noche haya sido la Propior Deo, u otra conocida como Horbury, lo que supondría una falta histórica en la mayoría de las películas que representan esta escena. Esa noche todos los músicos se hundieron con el barco.

Este himno fue traido al idioma español por Thomas M Westrup.

Más cerca oh Dios de ti

Sarah F. Adams

Lowell Mason

DULCE ORACIÓN

Orad sin cesar
1 **Tesalonicenses** 5:17

Dulce oración tiene una historia muy humilde e inspiradora para todo el que considera que sus limitaciones no le permitirán realizar un mayor servicio para Dios. Fue escrito en 1842 por el Reverendo William W. Walford. Su nombre sobrevivió al tiempo únicamente por ser el hombre inspirado para dar vida a uno de los himnos más bellos y sencillos que tratan el tema de la oración.

Walford era un predicador ciego, sin educación formal ni ascendencia de renombre. Su falta de vista había sido compensada por una increíble memoria y según el testimonio de Henry Kirke White (en otros libros se menciona al Reverendo Thomas Salmon), Walford decía el capítulo y versículo exacto de la Biblia mientras predicaba y podía repetir los salmos, el nuevo testamento y las profecías de forma casi exacta a como están escritos en la Biblia. Fue así como se ganó la fama de saberse toda la Biblia de memoria.

Pasaba el tiempo pensando en sermones mientras con sus manos hacía calzadores de zapatos y otros implementos. De vez en cuando también escribía poesía. Se hizo amigo del Reverendo Thomas Salmon quien cuenta que:

> "en una ocasión, mientras lo visitaba, me repitió dos o tres poemas que había escrito. *'¿qué tal este?'* me dijo, mientras repetía las líneas, con una sonrisa complaciente, tocada con un ligero miedo a la crítica. Rápidamente copié las líneas con mi lápiz mientras él las decía".

No imaginaba Walford que su poema se convertiría en el himno de la oración por excelencia en la comunidad cristiana.

Thomas Salmon lo publicó en el New York Observer en la edición del 13 de septiembre de 1845. En 1859 William B. Bradbury vio el poema y compuso una melodía a la que tituló **Sweet Hour** (*dulce hora*). El poema y la melodía aparecieron juntos por primera vez en 1859 en el himnario titulado **Cottage Melodies** bajo el número 568, publicado por el mismo William Bradbury.

Este himno fue llevado al español por el reconocido traductor de himnos Juan Bautista Cabrera.

Dulce oración

William W. Walford

William B. Bradbury

SANTO, SANTO, SANTO

Y el uno al otro daba voces, diciendo: Santo, santo, santo, Jehová de los ejércitos: toda la tierra está llena de su gloria
Isaías 6:3

Reginald Heber nació el 21 de abril de 1782 en Malpas, Inglaterra. Desde su infancia se le conoció por su sencillez y carácter dócil. Gran parte de su infancia estuvo afligido por la fiebre y el tiempo que estuvo en cama lo aprovechó para estudiar. A los cinco años podía leer la Biblia con fluidez. Durante su vida desarrolló una gran pasión por la lectura y el estudio lo que le permitió un amplio dominio del idioma.

Se graduó de la Universidad de Oxford y fue ordenado sacerdote de la Iglesia de Inglaterra en 1807. Dos años después en abril de 1809 se casó con Amelia. El primer regalo para su esposa fue una biblia.

Una dura prueba le sobrevino a la jóven pareja. Su única hija falleció en la mañana del 24 de diciembre de 1818 a los seis meses de edad, luego de varios días de una severa enfermedad y una noche de fuertes convulsiones.

Sobre el fallecimiento de su hija escribió:

> "...no había estado muy bien el último mes, lo cual atribuimos a la salida de sus dientes; pero ahora entiendo que se había estado acumulando agua en su cabeza durante ese tiempo: esta fue la causa de su muerte… estoy más devastado de lo que esperaría… no puedo evitar pensar que cualquier otro hijo con el que sea bendecido, nunca lo amaré como a esta pequeña, que me fue dada luego de tantos años de espera … Pero no olvido que haberla tenido, y haber disfrutado el placer de mirarla y acariciarla por seis meses, fue un don gratuito de Dios; y mucho menos olvido, que Aquel quien en su voluntad se la ha llevado, al final, espero, nos la restaurará…"

A su hija le compuso un poema lleno de esperanza titulado **Thou art gone to the grave** (*Te has ido al sepulcro*). Tuvo dos hijas más en 1821 y 1824. Ambas vivieron hasta la edad adulta.

Fue consagrado Obispo de Calcuta en octubre de 1823. Durante el tiempo que estuvo en la India se propuso compilar un himnario con 57 himnos suyos que fuese acorde con las fechas especiales del calendario de la Iglesia Anglicana, pero sus muchas labores y quebrantos de salud no le permitieron terminar su proyecto. Luego de varias enfermedades falleció mientras tomaba un baño frío el 13 de abril de 1826 a los 42 años en Trichinopoly, en la India.

Su viuda Amelia publicó su himnario en 1842. La publicación póstuma de esta compilación de himnos marcó el inicio de una nueva época, rompiendo las barreras impuestas al uso de los himnos en los servicios religiosos. El himno más conocido de todos ellos fue **Santo, Santo, Santo**. Heber lo escribió especialmente para el Domingo de Trinidad. Las primeras palabras de cada estrofa hacen referencia a Isaías 6:3 y Apocalipsis 4:8, y a lo largo de las estrofas enfatiza la Doctrina de la Trinidad.

La melodía fue compuesta en 1861 por John Bacchus Dykes. Dykes llamó a su composición Nicea, en honor al concilio de Nicea convocado por el emperador Constantino en el que se estableció la doctrina de la trinidad en el año 325.

Santo, Santo, Santo, es considerado por muchos como el himno más majestuoso de todos y ocupa un lugar indiscutible dentro del repertorio de cualquier cuarteto o ensamble. Fue traducido al español por **Juan Bautista Cabrera** pero ha sido adaptado por diversas organizaciones, y según el credo de cada denominación, se ha conservado o sustituído la palabra trinidad.

Santo, Santo, Santo

Reginald Heber

John B. Dykes

SEÑOR JESÚS EL DÍA YA SE FUE

Mas ellos le detuvieron por fuerza, diciendo: Quédate con nosotros, porque e hace
tarde, y el día ya ha declinado
Lucas 24:29

Henry Francis Lyte nació en Kelso, Escocia, el 1 de junio de 1793. Su mayor influencia durante la infancia fue su madre Anna Maria, y cuenta él mismo que fue en las rodillas de su madre donde aprendió a orar y oyó por vez primera las historias de la Biblia. Su padre era más aficionado a pescar y disparar así que se desentendió de sus responsabilidades familiares.

A los nueve años fue enviado a la escuela de Protoro en Irlanda. Su madre falleció poco después y a pesar de descender de una distinguida familia y ser hijo del Capitán de la Armada Thomas Lyte, Henry sólo contó con la caridad de sus amigos, en especial del Reverendo Burrows quien pagó sus estudios.

Ingresó al Trinity College en Dublín en 1812 y al siguiente año obtuvo una beca. Ganó el premio de poesía inglesa tres años consecutivos. Se ayudó a financiar sus estudios con donaciones de sus profesores y dando clases privadas. Al terminar sus estudios secundarios se propuso estudiar medicina. Sin embargo su llamado religioso primó y decidió dedicarse al ministerio cristiano. Fue ordenado sacerdote de la Iglesia Anglicana.

En un pueblo a siete millas de Oxford se hizo cargo de una parroquia con la única compañía de una flauta, su pluma y sus libros. Allí aprovechó para escribir varios poemas que llegaron a ser apreciados en las más altas esferas del poder en el Reino Unido. A la par se dedicó a visitar a los feligreses de su parroquia y auxiliarles en todo cuanto podía.

El Reverendo Abraham Swanne fue una gran influencia en su vida espiritual y cuando enfermó, Henry cuidó de él hasta su muerte y luego se encargó del cuidado de su esposa y sus hijos. Esto le significó un esfuerzo físico y mental tan grande que enfermó y se le ordenó viajar "al continente" si quería vivir. Estuvo en Francia e Italia hasta que su salud mejoró y se estableció en Marazion, Inglaterra. Allí conoció a su esposa Anne Maxwell. En 1821 falleció su pequeña hija Anna María al mes de nacer a quien había puesto el nombre de su madre. Años después escribió un sentido poema recordando los momentos de dolor que vinieron tras la pérdida de su pequeña.

Henry era un hombre convencido de que el servicio cristiano iba más allá de la predicación de la Palabra y dedicó gran parte de sus fuerzas a un programa de salud y educación. Los domingos daba clases a niños y adultos donde les enseñaba a leer y escribir y llegó a tener más de 700 alumnos y contar con entre 70 y 80 profesores voluntarios.

Tanto trabajo terminó pasando factura a su salud y en la primavera de 1839 luego de varias semanas de sufrimiento, el Dr. Chambers le dijo que a menos que descansara por un tiempo su viaje en esta vida iba a terminar. Sin embargo Henry siguió gastando lo poco que le quedaba de salud, dedicándose a su misión de enseñanza y ministerio parroquial. En los meses más fríos de otoño e invierno de 1843, al quedarse sin su asistente en la parroquia contrajo un cuadro de bronquitis por exposición al aire frío de la noche.

Finalmente en 1844 se vio obligado a acatar la recomendación médica y se mudó a Nápoles buscando un clima más cálido. Varias veces estuvo a punto de morir por las intensas fiebres que lo azotaban. Luego de dos años de enfermedad cuando sintió que había recuperado algo de sus fuerzas dejó Italia para volver a su amado Brixham con el deseo de supervisar el trabajo que había dejado antes. Su salud nunca se lo permitió y pronto supo que debía abandonar para siempre esas frías costas. En 1847 el amor por su pueblo pudo más que su enfermedad y regresó con cierto grado de fortaleza física que incluso le permitió oficiar la boda de su segundo hijo.

Terminaba el verano y comenzaba el mes de septiembre. Entonces expresó su deseo de predicar por última vez más ante sus feligreses. En vano intentaron disuadirlo de su propósito. Una vez más dijo una de sus frases insignia: *"es mejor desgastarse que oxidarse"*. Sabiendo que esta podría ser la última ocasión en que se dirigiera a su congregación, escribió un poema de ocho estrofas donde expresaba su único deseo en lo que podrían ser sus últimos días: que Dios estuviera a su lado.

Su último sermón fue sobre la cena del Señor. Esa misma tarde entregó a un familiar suyo el poema con la letra del himno Señor Jesús el día ya se fue junto con una melodía que él mismo compuso. Viajó de nuevo a Italia donde a los pocos días, el 20 de noviembre de 1847 falleció debido a un cuadro de Influenza que se sumó a su ya delicado estado de salud. En sus últimos momentos mientras miraba como hacia el cielo repetía las palabras *"paz, gozo"*. Su sepulcro está señalado por una cruz en el cementerio Británico en Nice, Francia.

Varias personas intentaron en vano dar a Señor Jesús el día ya se fue una melodía más acorde con el tema. Hubo que esperar catorce años para que el organista y compositor William Henry Monk se encontrara con los versos de este poema. Al leerlo sintió la necesidad de componerle una melodía apropiada y se dice que en media hora tuvo lista la melodía y el arreglo, al cual llamó **Eventide** que en español significa noche.

Este himno ocupa un lugar importante en los corazones de la comunidad cristiana. Se ha cantado repetidas veces en funerales, en la segunda guerra mundial fue entonado por soldados ingleses al caer la noche en Italia. Varios cantantes famosos incluyendo a Elton John y Susan Boyle han hecho sus versiones de este himno. En la ceremonia de inauguración de los juegos olímpicos de Londres 2012 se cantó como parte de un sentido homenaje a las víctimas de los atentados terroristas ocurridos el 7 de julio de 2005 donde fallecieron 56 personas.

Señor Jesús el día ya se fue, uno de los himnos más exquisitos en su letra compuesto por un misionero moribundo y una melodía sencilla, melancólica, acompañada por un arreglo majestuoso, se ha ganado para siempre un lugar en la memoria colectiva del mundo cristiano.

Señor Jesús, el día ya se fue

Henry F. Lyte

William H. Monk

A CRISTO CORONAD

Y miré, y he aquí una nube blanca; y sobre la nube uno sentado semejante al Hijo del Hombre, que tenía en su cabeza una corona de oro, y en su mano una hoz aguda.
Apocalipsis 14:14

Matthew Bridges nació en Essex, Inglaterra el 14 de julio de 1800. Fue clérigo de la Iglesia Anglicana. Lo apasionaba la literatura y la historia y publicó un libro titulado El Imperio Romano Bajo Constantino el Grande que contenía varios pasajes que hablaban en contra de la Iglesia Católica Romana.

Sorprendentemente en 1848 se convirtió a esta junto con otros clérigos bajo la influencia de John Henry Newman, y ese mismo año publicó la obra **Hymns of the Heart, for the Use of Catholics** (*Himnos del corazón, para ser usado por los católicos*) en cuyo prefacio expresaba su remordimiento por haber escrito en contra de la Iglesia Católica Romana.

En 1851 publicó una colección de escritos originales llamada **La Pasión de Jesús**, la cual constaba de piezas correspondientes a los cinco misterios dolorosos en *el rosario de nuestra bendita Señora*. En el tercer misterio doloroso —la corona de espinas— aparece un poema de seis estrofas bajo el título **Song of the Seraphs** (*Canto de los Serafines*) que consta de seis estrofas, y toma el momento en que los soldados romanos pusieron una corona de espinas sobre la cabeza de Jesús y se burlaron de él, pero lo compara con Apocalipsis 19:12 donde se presenta a Cristo como juez: "… *y había en su cabeza muchas diade-mas*", transportando así la escena de la burla terrenal al júbilo celestial.

Todas las estrofas empiezan con el texto **Crown Him with many crowns** (*Coronadlo con muchas coronas*), y cada una de las estrofas muestra uno de los motivos por los cuales debe el cristiano exaltar a Jesús.

Los cantos católicos por lo general no eran tenidos en cuenta por las iglesias protestantes pero este himno era tan grandioso que simplemente no podía ser ignorado, así que empezó a aparecer en los himnarios protestantes alrededor de 1860 pero se solía omitir la segunda estrofa en la que se llama a María *La Rosa Mística*, y la tercera estrofa que se refiere a las heridas de Cristo como misterios.

Los protestantes no estaban para nada a gusto con el hecho de que una producción nacida en un contexto radicalmente católico pudiera gozar de tanta popularidad entre sus feligreses, por lo que en 1874 Godfrey Thring, un clérigo Anglicano decidió escribir otras seis estrofas basadas en la teología protestante para reemplazar el texto de Matthew Bridges, usando la misma métrica y la idea general de desarrollar características de Cristo por las cuales exaltarlo. De este modo las iglesias protestantes pudieron cantar este himno sin sentir que estaban incluyendo las creencias católicas en su culto. A través de los años ambas versiones de la letra se han ido entremezclando para dar resultado a varias versiones de este himno tanto en inglés como en español.

La melodía más popular para este himno se llama DIADEMATA y fue compuesta por George Job Elvey y publicada por primera vez en 1868 en la segunda edición de *Himnos Antiguos y modernos* (**hymns Ancient and Modern**).A Cristo coronad es uno de los himnos más majestuosos que hablan de la coronación de Cristo como Rey del universo.

A Cristo coronad

Matthew Bridges
Godfrey Thring

George J. Elvey

DE PIE, DE PIE, CRISTIANOS

Después oí la voz del Señor, que decía: ¿A quién enviaré, y quién nos irá? Entonces respondí yo: Heme aquí, envíame á mí
Isaías 6:8

El Reverendo Dudley Atkins Tyng nació en Maryland el 12 de enero de 1825. Su madre falleció cuando tenía ocho años, pero su influencia y alegría lo irradiaron por toda la vida. Al retirarse su padre del ministerio pastoral, Dudley asumió el ministerio en la Iglesia de la Epifanía. Sin embargo, sus convicciones en contra de la esclavitud en repetidas ocasiones expresadas desde el púlpito le acarrearon el desagrado de los feligreses por lo que en 1856 inició lo que llamaría la Iglesia del Pacto. Allí ministró desde el primero de diciembre de ese año hasta su muerte y se ganó el cariño y reconocimiento de la comunidad. Se caracterizó por su esfuerzo determinado en pro del Gran Reavivamiento.

El martes 13 de abril de 1858 Mientras realizaba una visita al campo se acercó para arriar a una mula que tiraba de una máquina para recoger maíz. La manga de su camisa quedó atrapada entre las ruedas y uno de sus brazos resultó aplastado. La herida resultó ser mortal y aunque el sábado le amputaron el brazo en un intento por preservar su vida, el domingo falleció. Sus últimas palabras fueron: "*Díganles que estén de pie por Jesús: ahora cantemos un himno.*" Luego de estas palabras falleció. Sus últimas palabras podrían bien ser interpretadas como un llamado a seguir en la lucha contra la esclavitud haciendo alusión a la última parte de Lucas 4:18.

Uno de los testigos de este momento fue el ministro presbiteriano George Duffield quien se vio tan impactado por las palabras **estén de pie por Jesús**, que escribió la letra de un himno en el que todas las estrofas empezaban con estas palabras. En 1858 le entregó el manuscrito al Superintendente de su Escuela Dominical quien lo publicó en un pequeño panfleto para los niños. Ese mismo año se incluyó en la edición de **The Psalmist** (*El Salmista*) y de allí empezó a aparecer en distintos himnarios en inglés ganando una rápida popularidad en la toda la comunidad. Era cantado con la melodía de una canción popular hasta que William B. Bradbury la emparejó con una melodía compuesta en 1837 por George J. Web.

Fue así como las últimas palabras de un moribundo predicador terminaron inmortalizadas en un himno majestuoso, que por aquellas jugadas irónicas del destino fue muy entonado durante la guerra civil americana por ambos bandos, a pesar de que uno de estos bandos luchaba por mantener la esclavitud.

La versión de este himno en español es de Edgar L. Maxwell.

De pie, de pie, cristianos

George Duffield

George J. Webb

HIMNO DE BATALLA

Y de su boca sale una espada aguda, para herir con ella las gentes: y él los regirá con vara de hierro; y él pisa el lagar del vino del furor, y de la ira del Dios Todopoderoso
Apocalipsis 19:5

El Himno de batalla de la república es también conocido bajo los títulos **He visto la gloria**, **Himno de la batalla**, **Gloria Aleluya**, entre otros. Es un himno derivado de un canto de guerra que a su vez está basado en un himno del cual no hay mayor información.

Un antiguo himno de origen desconocido titulado "**Say Brothers Will You Meet Us**" (*Hermanos, nos encontraremos*), se cantaba frecuentemente en las reuniones evangelísticas durante el gran despertar religioso de los 1700s. No se conoce quienes escribieron la letra y la música pero era un himno bastante popular en los Estados Unidos.

Durante la guerra civil americana a mediados del siglo XIX, en el segundo Batallón de Infantería de Massachusetts había un soldado llamado John Brown. Resulta que anteriormente había existido un John Brown quien fue un conocido héroe abolicionista en la cultura americana. Sus camaradas solían molestarlo y cada vez que llegaba tarde a una formación o sucedía algo con él decían *"Este no puede ser John Brown, ¿por qué? Porque John Brown está muerto."* Y luego en tono solemne decían *"Sí, sí, el pobre John Brown está muerto, su cuerpo se descompone en la tumba."*

Estos versos pasaron de boca en boca y luego de varias transformaciones terminaron en las palabras:

"El cuerpo de John se descompone en la tumba,
su alma sigue marchando."

Y luego añadían:

"Se ha ido a ser un soldado en la armada del Señor,
su alma sigue marchando."

Estos versos fueron bien recibidos por los soldados y eran cantados con alegría añadiendo el coro *"Gloria, gloria, aleluya"* con la melodía del himno Say Brothers.

Este batallón fue enviado a Murray, Kentucky, a comienzos de la Guerra Civil Americana. Allí la activista, abolicionista y poeta Julia Ward Howe escuchó esta curiosa tonada mientras asistía a una revista pública de las tropas a las afueras de Washington en Upton Hill, Virginia. Howe había ido en compañía del Reverendo James Freeman Clarke, y este le sugirió componer un poema nuevo para el himno de batalla de estos soldados. Hospedada en el Hotel Willard en Washington la noche del 18 de noviembre de 1861, Julia se levantó de madrugada con las seis estrofas para este poema en su mente. Julia cuenta de su experiencia:

"Me dije para mis adentros 'debo levantarme y escribir estos
versos, no sea que me quede dormida y se me olviden'"

El Himno de batalla de la República fue publicado por primera vez en la primera plana del The Atlantic Monthly en la edición de febrero de 1862. La sexta estrofa no se publicó y es la menos conocida de todas. El Himno de batalla de la República forma junto a **The Star Spangled Banner** y **Sublime Gracia** el conjunto de los himnos más patriotas y conocidos en los Estados Unidos. En sus estrofas se hacen varias alusiones al campo de batalla, la segunda venida de Cristo y la abolición de la esclavitud. Este himno ha sido traducido al español en diversas ocasiones. Muchas de estas versiones no guardan absolutamente ninguna relación con el tema de la letra original en inglés.

Himno de la batalla

Julia Ward Howe

William Steffe

JESUS ME GUIA

En lugares de delicados pastos me hará yacer: junto a aguas de reposo me pastoreará
Salmos 21:1

Joseph Gilmore Nació en Boston el 29 de abril de 1834. Fue un destacado académico graduado de Artes de la universidad de Brown y teólogo del Instituto Teológico Newton. Allí fue profesor de hebreo. También se desempeñó como profesor de lógica en la universidad de Rochester, New York. Fue editor de revistas, escribió editoriales, revisiones de libros, publicó un libro de texto para la escuela y fue pastor durante cuatro años.

Aunque tuvo una exitosa vida en el ámbito universitario dejó su mayor legado al escribir el himno **"He Leadeth Me"**. Su relato sobre cómo nació este himno es el siguiente:

> "Este himno fue escrito en la primavera de 1862, en la residencia del Diácono Thomas Wattson, Filadelfia. Había estado hablando en la conferencia vespertina del miércoles en la Primer Iglesia Bautista de Filadelfia en 1862. Mi temática era sobre el Salmo 23, y me había sentido especialmente impresionado por la bendición de ser guiado por Dios —el solo hecho de su liderazgo, tanto como nos guía y hacia donde nos está dirigiendo.
>
> Al final del servicio nos dirigimos al hogar del Diácono Thomas Watson donde me estaba hospedando. Aún permanecía en nuestras

> mentes y corazones el pensamiento que había enfatizado en la conferencia.
>
> Durante nuestra charla, en la cual varios participamos, la bendición del liderazgo de Dios me llenó tanto que saqué mi lápiz y escribí el himno, tal como lo conocemos actualmente, se lo pasé a mi esposa y me olvidé de él.
>
> Ella lo envió sin que yo lo supiera a "**The Watchman and Reflector**" y allí fue impreso por primera vez. Tres años después fui a predicar a Rochester en la Segunda Iglesia Bautista. Cuando entré en la capilla tomé un himnario pensando: "*qué será lo que están cantando*". El libro se abrió ante mí en el himno "**He leadeth me**" y fue la primera vez que supe que mi himno había hallado un lugar entre los cantos de la iglesia."

Dada la rapidez de las circunstancias en las que Gilmore escribió este himno, en cierta ocasión dijo que el coro había sido escrito por alguien más lo que se ha prestado para que en varios libros donde se relata la historia de este himno el coro se le atribuya a William Batchelder Bradbury. Sin embargo, Gilmore en su relato cuenta que:

> "Tiempo después, encontré entre los documentos de mi difunta esposa la copia original del himno y me sorprendió descubrir que yo fui quien escribió el coro."

La música de este himno fue compuesta por William Batchelder Bradbury y publicada por primera vez en 1864 en The Golden Censor. Las versiones más conocidas de este himno en español son **Me Guía Él** por Epigmenio Velasco, y **Jesús me Guía** por Tomás M. Westrup.

Jesús me guía

Joseph H. Gilmore

William B. Bradbury

WILLIAM PATON MACKAY

William nació el 13 de mayo de 1839 en Montrose, Edimburgo, Escocia. Paton cuenta acerca de su niñez: "

> Mi amada madre era una mujer piadosa, santa, que muy a menudo me hablaba del Salvador, y muchas veces la vi orando de rodillas por la salvación de mi alma. Pero nada logró causar una impresión profunda en mí. A medida que crecía, me hacía más rebelde…"

A los diecisiete años dejó su casa paterna para estudiar. Su madre preocupada por su vida espiritual le regaló una Biblia y en la primera hoja escribió el nombre de su hijo, el de ella y un versículo. Mackay estudió medicina en la universidad de Escocia. Cierto día en medio de una borrachera vendió la Biblia que su madre le había regalado para comprar más licor.

Luego de graduarse llegó a ser un médico exitoso y trabajó en el hospital más grande de Edimburgo. Fue entonces cuando sucedió un incidente que cambió su vida para siempre.

> "Un día trajeron al hospital a un hombre gravemente herido. Su caso parecía sin esperanza, y él parecía darse cuenta de ello puesto que estaba completamente consciente y me preguntó cuánto

tiempo le quedaba de vida. Le di mi opinión de la manera más prudente que pude.

¿'Tiene algún familiar a quien podamos notificar'? Pregunté.

El paciente negó con su cabeza. Solo tenía un deseo y era ver a la señora que le había arrendado una propiedad porque le debía una pequeña suma de dinero y también deseaba despedirse de ella. También solicitó que dicha señora le enviara *'El Libro...'*

Yo iba a verlo regularmente al menos una vez al día. Lo que más me impactaba era la expresión constante en su rostro de calma, casi de felicidad... Luego de la muerte del hombre, había que resolver algunos asuntos con relación a él y se requería que yo estuviese presente.

'¿Qué hacemos con esto?' preguntó la enfermera mientras sostenía un libro en su mano.

'¿De qué libro se trata?' pregunté.

'Es la Biblia del pobre hombre... la leyó mientras le fue posible, y cuando ya no pudo, la guardaba bajo la cubierta de su cama.'

Al tomar la Biblia en mis manos no podía creer lo que veían mis ojos. ¡Era mi propia Biblia! La Biblia que mi madre me había regalado cuando me fui de la casa de mis padres, y que luego, cuando estaba corto de dinero, vendí por una pequeña suma. Todavía tenía mi nombre en ella, escrito por la mano de mi madre... Observé el precioso libro con un profundo sentido de vergüenza. Le había dado comodidad y esperanza al desafortunado hombre en sus últimas horas. Para él había sido una guía hacia la vida eterna, y le había permitido morir en paz y alegría. Y este libro, el último regalo que me dio mi madre, lo había vendido por un precio ridículo... Sobra decir que recuperar mi biblia fue el motivo de mi conversión."

Mackay fue ordenado en la Iglesia Presbiteriana y en 1868 fue nombrado ministro de una iglesia. En ese mismo año se casó con Mary Loughton. Escribió varios himnos, entre ellos «**En la célica morada**», un himno con aire melancólico que habla del deseo de llegar a nuestra patria celestial, y **Loámoste, Oh Dios** en 1863 himno en el que agradece a Dios por las diversas formas en las que ha obrado por nuestra redención. Falleció en un accidente el 22 de agosto de 1885 en Portree, Escocia.

En la célica morada

Loámoste oh Dios

William Paton MacKay

William Shrubsole

FIRMES Y ADELANTE

Estad pues firmes, ceñidos vuestros lomos de verdad, y vestidos de la cota de justicia
Efesios 6:14

En algunos países europeos hay una celebración que se conoce como Whit Monday, algo así como Lunes de Pentecostés y se celebra el día después del pentecostés. Es una fecha bastante especial y en el siglo XIX era costumbre que los niños salieran desfilando y cantando por las calles.

Sabine Baring-Gould, hijo de un oficial de la caballería inglesa quien tuvo la poca fortuna de que su padre no le permitió ir a la escuela. Sin embargo obtuvo un lugar en el Clare College en Cambridge. Fue ordenado en la Iglesia Anglicana y se casó con una chica de la mitad de su edad con quien tuvo cinco hijos y nueve hijas. Al parecer era directivo de uno de los colegios que participarían en el desfile de Whit Monday y para ese año se programó que su colegio desfilara junto a un colegio de un pueblo vecino. Sobre cómo se inspiró para escribir este himno en 1864 el autor cuenta:

> "Quería que los niños cantaran mientras marchaban de un pueblo a otro, pero no se me ocurrió nada apropiado para la ocasión; así que esa noche me senté resuelto a escribir algo yo mismo. '**Onward Christian soldiers**' fue el resultado. Lo escribí de gran prisa, y me temo que algunas de las rimas están mal."

Esta marcha infantil, bajo el título "**A Hymn for Procession with Cross and Banners**" (*Un himno para procesión con la cruz y estandartes*) escrita para animar a los estudiantes mientras recorrían los senderos polvorientos tenía un destino mucho más grande que el planeado por su escritor.

> "En verdad, nada me ha sorprendido más que su popularidad. No recuerdo cómo terminó siendo impreso, pero sé que muy pronto se abrió un espacio en varias colecciones. He escrito otros cuantos himnos desde entonces, pero solo dos o tres han llegado a ser populares."

Y no es de sorprender la rápida acogida de este himno. Una de las fantasías de los niños es el ser soldados pero esta figura también resulta en una idea tremendamente inspiradora para los adultos: ser soldados de Cristo marchando a la guerra contra el mal. Y fue así como rápidamente se olvidaron de que se trataba de un himno infantil y los adultos se lo arrebataron para siempre a los niños.

Sir Arthur Seymour Sullivan, compositor británico, escribió en 1871 una melodía solemne que acompaña y resalta armoniosamente la letra del himno. Este himno fue entonado en la ceremonia fúnebre del presidente Dwight D. Eisenhower. Fue traducido al español por Juan Bautista Cabrera.

Firmes y adelante

Sabine Baring-Gould

Arthur S. Sullivan

KATHERINE HANKEY

Arabella Katherine Hankey (enero 12 1834 – mayo 9 1911), fue la hija de un próspero banquero londinense. Su familia era devota de la Iglesia Anglicana. Desde joven mostró gran interés por el trabajo en pro de los más necesitados, organizó escuelas dominicales para niñas y empezó a escribir poemas y tratados. También apoyó misiones en el extranjero. En 1866 a la edad de 32 años, Katherine se estaba recuperando de una severa enfermedad de la cual no da mayor detalle. Durante este tiempo escribió la primera parte de un extenso poema titulado "**The old, old story**" (*La antigua, antigua historia*). Esta primera parte titulada "**The story wanted**" (*La deseada historia*) fue escrita en enero de 1866 y consta de 8 versos.

Un año después, el escritor y compositor de himnos William Howard Doane estaba

"asistiendo a la Convención Internacional de la Asociación Cristiana de Hombres Jóvenes, en Montreal. Entre los presentes se encontraba el Mayor-General Russell… Se levantó en medio de la reunión y recitó las palabras de este canto… las lágrimas caían por sus bronceadas mejillas mientras leía. Escribí la música para este canto en una calurosa tarde en un carruaje… Esa noche lo

> cantamos en el salón del hotel. Nos pareció un hermoso himno,
> aunque nunca anticipamos la popularidad que lo acompañaría
> posteriormente."

Fue así como nació el himno **Dime la Antigua Historia**.

La segunda parte del poema de Hankey, fue escrita en noviembre de 1866 como respuesta a la primera parte que se había escrito anteriormente. Esta segunda parte se titula "**The story Told**" (*La historia contada*), y como su nombre lo indica narra la historia de la redención, iniciando con la pareja del Edén y su desobediencia para luego pasar a la vida de Cristo en esta tierra, su pasión, muerte, resurrección y ascensión. Los últimos seis versos son un llamado a la conversión.

De esta segunda parte El compositor William G. Fischer hizo una adaptación de la cual surgió el himno "**I love to tell the story**" (*Amo contar la historia*) el cual fue publicado por primera vez en el himnario **Joyful Songs** en 1869.

Se podría decir que **Dime la antigua Historia** y **Grato es contar la historia** son himnos hermanos y complementarios, nacidos de la inspiración divina que Arabella Katherine Hankey recibió mientras luchaba contra la enfermedad. Ambos himnos fueron adaptados a nuestro idioma por Juan Bautista Cabrera.

Grato es contar la historia

Katherine Hankey

William G. Fisher

Dime la antigua historia

ELIZABETH CLEPHANE

Elizabeth fue la tercera hija de Andrew Clephane. Nació en Escocia el 10 de junio de 1830 en el seno de una familia presbiteriana. Su salud siempre fue frágil pero era conocida en su comunidad por su espíritu alegre y colaborador. Junto con sus hermanas Elizabeth ayudaba a los más pobres y necesitados de su comunidad a pesar de su delicado estado de salud, y se dice que vendió todo lo que no le era estrictamente necesario para donarlo a la caridad. En su comunidad se ganó el afectuoso sobrenombre de **Rayo de sol**.

Elizabeth disfrutaba escribir poemas, y a medida que su salud se deterioraba encontraba refugio en el estudio de las Escrituras y en escribir versos algunos de los cuales eran publicados de forma anónima. En 1868 escribió dos poemas titulados **Beneath The Cross of Jesus** (*Bajo la cruz de Jesús*) y **There were ninety and nine** (*Eran noventa y nueve*). Falleció un año más tarde de consunción (probablemente tuberculosis) a los 39 años, sin saber el gran alcance que tendrían por todo el mundo sus escritos.

Estos poemas permanecieron ocultos durante tres años después de la muerte de Elizabeth hasta que en 1872, aparecieron en una pequeña publicación en una revista conocida como **The Family Treasury** (*El tesoro familiar*) bajo el título **Breathings from the Border** (*Suspiros desde la frontera*).

Una nota del editor de la revista, el Rev. W. Arnot daba la siguente introducción:

> "Estas líneas expresan las experiencias, las esperanzas y los anhelos de una joven cristiana quien recientemente fue llamada al descanso. Escritos justo en el final de su vida, con la tierra mejor a plena vista de la fe, son a nosotros como huellas impresas en las arenas del tiempo, donde estas arenas tocan el océano de la eternidad. Estas huellas de una a quien el Divino Pastor guio a través del desierto hacia el descanso. Quiera Dios, que con su bendición, contribuyan a alentar y dirigir a los peregrinos."

La melodía del himno Beneath the Cross of Jesus fue compuesta una mañana por Frederick C. Maker, y esa misma noche fue cantado por primera vez en una iglesia. Cuenta Maker que:

> "con sus ojos llenos de lágrimas, y profundamente conmovido, el predicador dijo a la audiencia: 'Queridos amigos, tenía pensado hablarles esta mañana sobre la obra para el Maestro, pero este nuevo himno me ha impresionado de tal manera, y evidentemente también a vuestros corazones, que cambiaré mis planes y les hablaré sobre La Cruz de Jesús.'"

La versión en español titulada **Junto a la Cruz de Cristo** es de George Paul Simmons

Una impresión similar causaría el himno **There were ninety and nine** (*Eran noventa y nueve*). Ira D. Sankey había visto este poema en una revista y decidió recortarlo y guardarlo en su bolsillo pues le pareció que podría serle de utilidad en algún momento. Durante unas conferencias de D. L. Moody luego de un sermón sobre "El Buen Pastor" se le pidió a Sankey que cantara algo apropiado para la ocasión. En ese momento se acordó del poema en su bolsillo, hizo una corta oración y mientras leía la primera estrofa tocó el acorde de La bemol en el órgano y empezó a cantar. La melodía vino a su mente nota a nota y fue así como delante de cientos de personas nació un nuevo himno. Muchas ovejas perdidas acudieron al llamado en esa noche. Se desconoce el nombre del autor de este himno en español.

Junto a la cruz de Cristo

Elizabeth Clephane

Frederick C. Maker

Abrigadas y salvas en el redil

Elizabeth Clephane

Ira D. Sankey

mon - te es - ca - bro - so ya te - rra - dor, muy le - jos va - gan - do
sie - rra es - car - pa - da ya voy a en - trar, mi po - bre o - ve - ja a
mi - dos y que - jas po - dí - a o - ir; en - fer - ma es - ta - ba y
ma - nos, Se - ñor, ¿quién las la - ce - ró?" "El ás - pe - ro bos - que
ta - ban los án - ge - les en re - dor: "¡Lo su - yo res-ca - ta el

del Pas - tor, muy le - jos va - gan - do del Pas - tor.
res - ca - tar, mi po - bre o - ve - ja a res - ca - tar."
por mo - rir, en - fer - ma es - ta - ba y por mo - rir.
las hi - rió, el ás - pe - ro bos - que las hi - rió."
buen Pas - tor, lo su - yo res - ca - ta el buen Pas - tor!"

SEÑOR MI DIOS

Carl Boberg nació en Monsteras, Suecia, el 16 de agosto de 1859. A los dieciocho años se entregó a Dios mientras escuchaba a un niño memorizar el versículo de Juan 3:14. A los veinte años inició sus estudios religiosos y a los veintidós comenzó su ministerio como predicador, escritor, poeta y editor de varios periódicos. Un día soleado de 1885 mientras regresaba de una reunión se encontró repentinamente en medio de una fuerte tormenta eléctrica. Sin embargo luego de que esta pasara y siendo aún de día, apareció el arcoíris y una vez llegó a casa plasmó la tremenda impresión que esta experiencia le causó en un poema de nueve versos titulado **O store Gud** (*Oh gran Dios*).

El poema se publicó en varios periódicos pero aparentemente quedó en el olvido. Sin embargo unos años más tarde Boberg se llevó la grata sorpresa de escuchar cantar su himno con una melodía popular en una iglesia que visitaba. En 1890 fue nombrado editor del Sanningsvittnet (*El testigo de la Verdad*), y un año después publicó su himno con la melodía y un arreglo para piano y guitarra de Adolph Edgren. Este himno se hizo conocido en Suecia y otros países de Europa entre ellos Estonia.

En 1907 muchos alemanes se habían establecido en Estonia, entre ellos Manfred Von Glehn quien había dedicado su vida a establecer iglesias y escuelas bíblicas y compilar himnarios en alemán. En uno de sus himnarios incluyó una traducción suya de **O store Gud** la cual tituló **Du großer Gott** (*Tú gran Dios*). Esto permitió que el himno se esparciera por otras regiones de Europa.

Ivan Prokhanov nació en una familia de disidentes de la Iglesia Ortodoxa Rusa y es considerado el mayor misionero de esta región, quien enfrentó los peligros de llevar el protestantismo durante el duro periodo comunista por lo que algunos lo llaman el Lutero de Rusia. Escribió muchos himnos y tradujo muchos otros al idioma Ruso. Debido a su trabajo misionero fue encarcelado en varias ocasiones y enviado al exilio. Se propuso hacer el primer himnario protestante en Ruso al cual tituló **Cantos de un Cristiano**. En este himnario tradujo del alemán el himno **Du großer Gott** bajo el título **Великий Бог – Veleky Bog-** (*Gran Dios*) en 1912. Fue declarado conspirador en contrarrevolución por el régimen de Stalin por lo que nunca pudo volver a su amada Rusia y falleció en Berlín, Alemania.

En 1925 E. Gustav Johnson hizo el primer intento por llevar este himno al idioma inglés. Varios inmigrantes suecos habían llegado a los Estados Unidos y llevaron consigo el himno compuesto por Boberg. Al escucharlo Johnson hizo una versión en inglés la cual no tuvo éxito. Dos años más tarde, un misionero británico en Ucrania occidental de nombre Stuart W. K. Hine encontró un himnario de Prokhanov titulado **címbalos**, aprendió de memoria el himno **Великий Бог** y lo cantaba a dúo con su esposa en las reuniones evangelísticas. Decidió traducir la primera estrofa y el coro al idioma inglés luego de verse en medio de una tormenta en los montes Cárpatos. Mientras andaba con un grupo de jóvenes cristianos recibió la inspiración para traducir la segunda estrofa. Al escuchar la oración de una mujer que aprendió a leer con la Biblia tradujo la tercera estrofa, y el cuarto verso lo escribió en 1948 ya en Inglaterra, al estar en contacto con refugiados de la segunda guerra mundial quienes se preguntaban constantemente "*¿Cuándo volveremos a casa?*".

Stuart Hine publicó la traducción completa en su revista Gracia y Paz en 1949 donde aparecía el texto en Ruso y su versión en Inglés. Esta revista circuló ampliamente entre los refugiados esparcidos por quince países entre los que se encontraban varios en Norte y Sur América llevando así este himno por todo el mundo. Es probablemente el segundo himno más cantado en inglés después de Sublime Gracia. Ha sido grabado por varios cantantes famosos entre los que destaca Elvis Presley. También era el himno favorito del cantante George Beverly Shea, compositor de la melodía del himno Prefiero mi Cristo.

Llegó al cristianismo hispanohablante mediante el pastor argentino Arturo Hotton quien en 1958 tradujo este himno bajo el título **Cuán grande es Él**. En la actualidad es probablemente el himno más conocido en nuestro idioma y aunque suele cantarse con demasiada frecuencia en los funerales, en realidad es un himno que luego de pasar por varios países, enfrentarse a la persecución religiosa y a dos guerras mundiales, llegó a nuestro idioma para recordarnos lo grande que es nuestro Dios.

CUANDO SUENE LA TROMPETA

Porque el mismo Señor con aclamación, con voz de arcángel, y con trompeta de Dios,
descenderá del cielo; y los muertos en Cristo resucitarán primero
1 **Tesalonicenses** 4:16

James Milton Black nació el 19 de agosto de 1856 en South Hill, New York. Aprendió desde pequeño a cantar y a tocar el órgano. Alrededor de 1881 se trasladó a Williamsport, Pennsylvania donde se dedicó al servicio cristiano en la Iglesia Metodista Episcopal. Enseñaba música entre semana, dirigía el servicio de canto y era maestro de escuela dominical y líder juvenil en su tiempo libre. También editó varios himnarios.

Un día mientras pasaba por un callejón de uno de los sectores más pobres de Williamsport, se encontró a una jovencita de unos catorce años sentada en la puerta de una casa que estaba prácticamente en ruinas. Al parecer su padre y su madre eran adictos a la bebida. James le preguntó si le gustaría ir a la escuela dominical a lo cual ella respondió: *"Sí, me gustaría ir, pero…"* y en ese momento bajó la mirada a su ropa y zapatos rotos. James entendió y al día siguiente le llevó un vestido nuevo, zapatos y un sombrero. Con sus ropas limpias, la niña llamada Bessie empezó a asistir a todas las reuniones los domingos.

En una de las clases dominicales, cuando James pasaba lista y todos contestaban diciendo un versículo al llamar a Bessie no obtuvo respuesta alguna a pesar de repetir el llamado en más de una ocasión.

Dos cosas atormentaban la mente de James en ese día. En su mente resonaban las preguntas:

"¿Qué tal que esta niña nunca más responda? ¿Y si fallece?"

Al salir de la escuela dominical fue a buscar a la niña a su casa y la encontró muy enferma. Llamó a un médico y le pagó para que la examinara. El desalentador dictamen fue neumonía. Cuando James llegó a casa, acongojado se sentó en el piano y apoyándose en la promesa de la resurrección convirtió su tristeza en esperanza y viendo más allá de la muerte ese mismo día escribió la letra y la melodía del himno **Cuando Suene la Trompeta**. Bessie falleció a los diez días pero el himno que su corta vida, su amor por Dios y su final enfermedad inspiró, ha vivido en los corazones de millones de cristianos en todo el mundo.

SI LA FE ME ABANDONARE

No temas, que yo soy contigo; no desmayes, que yo soy tu Dios que te esfuerzo: siempre
te ayudaré, siempre te sustentaré con la diestra de mi justicia
Isaías 41:10

Robert Harkness era un conocido pianista cristiano. Trabajó con varios misioneros viajando en campañas evangelísticas por Norteamérica y Europa.

Un día de 1906 durante una campaña en Toronto, Canadá, un joven recién convertido por cuya alma había estado trabajando le expresó el temor a no ser capaz de mantenerse firme. Harkness quiso mencionarle un himno para confortarlo pero no pudo recordar ninguno apropiado para esa circunstancia. Uno o dos días después en una carta a la señorita Ada Habershon quien residían en Londres, le mencionó la necesidad de una canción que diera a los creyentes la seguridad definitiva de tener éxito en la vida cristiana.

Ada era una compositora británica quien escribió la letra de varios himnos en inglés y en alemán. Las semanas pasaron y un par de meses más tarde durante una gran campaña en Filadelfia, Robert recibió un conjunto de siete cantos escritos por la señorita Habershon. Mientras el Dr. Torrey predicaba su sermón una tarde Robert se ausentó de la predicación y se ocupó en escribir la música para los siete himnos. Uno de estos era "**El me sostendrá**".

Esa misma noche fue cantando por primera vez por Chas. M. Alexander ante una audiencia de cuatro mil personas. Su éxito fue inmediato y desde ese momento ha se ha convertido en uno de los cantos favoritos de las congregaciones cristianas traduciéndose a muchos idiomas. La versión en español es de Vicente Mendoza.

Si la fe me abandonare

Ada R. Habershon

Robert Harkness

A SOLAS AL HUERTO YO VOY

Y el primer día de la semana, María Magdalena vino de mañana, siendo aún obscuro, al sepulcro; y vió la piedra quitada del sepulcro
Juan 20:1

Charles Austin Miles nació el 7 de enero de 1868 en Nueva Jersey. No existe mucha información sobre su infancia y educación primaria pero se sabe que estudió en el Colegio de farmacia de Filadelfia y en la Universidad en Pensilvania. En 1892 abandonó su carrera como farmaceuta y empezó una nueva vida como escritor de himnos y editor de la Hall-Mack Publishing Company. Su nueva ocupación le permitió también dedicarse a la música y la fotografía. Miles escribió varias decenas de himnos pero el más conocido de todos es **In the garden**, (*En el Jardín*). Sobre las circunstancias en las que nació este himno, el mismo Miles cuenta:

> "Un día de marzo en 1912, estaba sentado en el cuarto oscuro donde guardaba mi equipo fotográfico y el órgano. Acerqué mi Biblia, la abrí en mi capítulo favorito, Juan 20… El encuentro entre Jesús y María…
>
> Mientras leía ese día, sentí que era parte de la escena. Me quedé en silencio para presenciar el momento dramático en la vida de María, cuando se postró ante su Señor, y lo llamó "Rabí".
>
> Mis manos descansaban sobre la Biblia cuando observé a la pared azul iluminada. Cuando la luz se desvaneció parecía que

> estuviera yo en la entrada del jardín, viendo un camino serpentino,
> sombreado por las ramas de los olivos. Una mujer de blanco, con
> su cabeza inclinada… caminó lentamente entre las sombras. Era
> María. Al llegar a la tumba, sobre la cual puso su mano, se inclinó
> para ver dentro y salió huyendo… Juan… apareció, viendo la
> tumba; luego vino Pedro quien entró en el sepulcro y lo siguió
> Juan.
> Al irse, María apareció nuevamente, y mientras recostaba
> la cabeza sobre su brazo que se apoyaba sobre la tumba, lloró.
> Volviéndose, vio a Jesús de pie, y yo también lo vi. Sabía que era Él.
> Ella se postró ante él, con los brazos extendidos y viendo su rostro
> exclamó "Rabí".
> Me desperté en plena luz, agarrando la Biblia, con mis
> músculos tensos y los nervios vibrando. Bajo la inspiración de esta
> visión escribí tan rápido como se podían formar las palabras el
> poema exactamente como se ha conocido hasta hoy. Esa misma
> noche escribí la música".

Este himno fue publicado ese mismo año en el **Gospel Message No. 2** de la editora en la que Miles trabajaba, y pronto se convirtió en un rotundo éxito en el mundo cristiano. Fue traducido al español por Vicente Mendoza.

A solas al huerto yo voy

Charles Austin Miles

Composer / arranger

FIJA TUS OJOS EN CRISTO

Puestos los ojos en al autor y consumador de la fe, en Jesús; el cual, habiéndole sido propuesto gozo, sufrió la cruz, menospreciando la vergüenza, y sentóse á la diestra del trono de Dios
Hebreos 12:2

Helen Howarth Lemmel nació el 14 de noviembre de 1864 en una pequeña villa llamada Wardle en Inglaterra. Hija de un pastor metodista Wesleyano llegó a los estados unidos a los doce años. Se sabe que era talentosa en el canto y la música en general y el algún punto de su vida viajó a Alemania donde estudió canto por cuatro años. Enseñó canto en el instituto Moody y visitó varias iglesias presentándose como solista.

En 1918 llegó a sus manos un tratado escrito por Lilias Trotter. Este tratado llevaba el título Focused (*enfocado*) y en una de sus partes contenía el siguiente texto:

"Así que, puesto los ojos en Él, mira plenamente en su rostro y verás que las cosas terrenales extrañamente perderán su valor."

No cabe duda que este párrafo fue inspirado en Hebreos 12:2. La lectura de estas palabras surtió un gran impacto en la mente de Helen quien en sus propias palabras dejó un relato de su experiencia inspiradora vivida en ese día:

> "De repente, como si se me hubiese ordenado detenerme
> y escuchar, me quedé quieta, mientras cantaba en mi mente y
> espíritu el coro, sin un momento consciente para agregar una
> palabra a otra para hacer un verso, o una nota a otra para hacer una
> melodía. Los versos fueron escritos la misma semana, siguiendo
> el método normal de composición, pero esto no quita que fueron
> dictados por el Espíritu Santo."

Ese mismo año 1918 el himno *"Fija tus ojos en Cristo"* fue publicado por primera vez en forma de panfleto en Inglaterra donde rápidamente ganó popularidad. Tardó un poco más en llegar a los Estados Unidos y no fue sino hasta 1924 que fue publicado en una colección titulada **Gospel Truth in Song** (*La verdad del evangelio en el canto*). Después de esto ha aparecido en la mayoría de los himnarios.

Se dice que Helen escribió más de quinientos himnos y poemas, pero el único que llegó a ser conocido a nivel mundial fue Fija tus ojos en Cristo.

Hay relatos en los que se cuenta que Helen contrajo matrimonio con un empresario adinerado mientras vivía en Europa, quien la abandonó cuando ella perdió la vista. Según estos relatos cuando ella entró en contacto con el tratado anteriormente mencionado estaba pasando por un momento muy difícil, y en medio de su aflicción se vio inspirada a escribir el himno Fija tus ojos en Cristo. En otros relatos ella pierda la vista cuando es anciana y termina sus días en la pobreza y el abandono. Si bien estas historias añaden drama a la historia y se prestan para interesantes lecciones sobre la invidente que invita a ver a Jesús, es probable que no sean más que un producto de la imaginación popular.

Helen vivió en Seattle, Washington, donde permaneció activa en las actividades cristianas como miembro de la Iglesia Bautista de su ciudad hasta su fallecimiento a los noventa y siete años. Escribió un libro para niños titulado **Story of the Bible** (*historia de la Biblia*).

Dos de las versiones más conocidas de este himno en español son obra de Carlos A. Steger y C. P. Denyer. Si bien ellos tradujeron el coro y las tres estrofas, es muy común especialmente en las personas de avanzada edad cantar únicamente el coro, pues ignoran por completo la existencia de las estrofas. Yo mismo durante muchos años pensaba así hasta que un día escuché a un coro de una iglesia cantar este himno completo. Fue una hermosa experiencia.

Una confusión muy común al cantar este himno suele darse en el coro. Muchos creen que la frase de la segunda línea hace referencia a nuestros ojos por lo que cantan *"tan llenos de gracia y amor"*. Sin embargo, allí hace referencia es a Cristo. Es Él quien está lleno de gracia y amor, no nuestros ojos, por lo cual esta frase debe ir en singular:

"*tan lleno de gracia y amor*".

PREFIERO MI CRISTO

Y ciertamente, aun reputo todas las cosas pérdida por el eminente conocimiento de Cristo Jesús, mi Señor, por amor del cual lo he perdido todo, y téngolo por estiércol, para ganar a Cristo
Filipenses 3:8

George Beverly Shea nació el primero de febrero de 1909 en Winchester, Ontario, Canadá. Hijo del Reverendo A. J. Shea y Maude Whitney Shea fue el cuarto de ocho hijos. Su padre fue predicador en Winchester durante veinte años y luego fue a vivir a Ottawa por diez años.

Su madre fue la primera en descubrir su talento musical. Ella notó que George no podía alejarse del piano. Desde muy pequeño se las arreglaba para hacer sonar las teclas de este instrumento hasta que ella le enseñó algunos acordes. Lo inscribió en lecciones de piano pero George decidió dejarlas y aprenderse varios acordes en todas las tonalidades y desde ese entonces tocó a oído. Por parte de su padre aprendió a tocar el violín. Su primera vez cantando en público fue en el coro dirigido por su padre en la iglesia metodista de Wesley.

Estudió en el Annesley College en Ottawa y en 1928 fue transferido al Houghton College en Nueva York donde estudió canto con Herman Baker entre 1928 y 1929. Entre 1929 y 1938 mientras trabajaba como secretario médico en Nueva York, estudió canto con Emerson Williams y Manley Price Boone y cantó en las estaciones de radio WMCA y WHN.

Se presentó a un concurso de canto en el programa del comediante Fred Allen en el que quedó en segundo puesto y se le ofreció un espacio para interpretar canciones populares en la radio. Sin embargo Shea sentía que ese no era su lugar en la vida.

En 1933 un director de radio lo oyó cantar y le consiguió una audición para cantar música secular en un programa radial en la NBC junto con un conocido grupo masculino conocido como los Lynn Murray Singers. La NBC es una de las principales estaciones radiales de los Estados Unidos y Lynn Murray era un músico conocido. Esto abría un panorama aparentemente insuperable para George Beverly Shea y le daba la posibilidd de triunfar y conseguir fama y prestigio. Era una oportunidad que se le daba a pocas personas. Sin embargo George sentía que esa no era su misión. La idea de cantar música secular le incomodaba por lo que con dudas y sin saber si estaba tomando la decisión correcta decidió rechazar esta oportunidad.

Tal vez lo que le dio la fortaleza para rechazar esta oferta laboral sucedió justo un año antes en 1932. Cuenta que su madre:

> "hace muchos años encontró un poema escrito por la Señora Rhea F. Miller, y lo encontró en un momento particular de mi vida en el que atravesaba por tentaciones y necesidad espiritual. Ella puso este poema en el piano y mientras lo leía sentí la necesidad de cantarlo, y así llegó esta sencilla melodía a mi mente en esa mañana."

El poema al cual hace referencia es "**I'd Rather Have Jesus**" (*Prefiero tener a Jesús*), en cuyos versos la autora expresa que prefiere tener a Cristo por encima de todo lo que el mundo pueda ofrecerle. No cabe duda de que estas palabras causaron un impacto en Beverly e influyeron muchísimo en su decisión de rechazar las posibilidades que le ofrecía el mundo para esperar en Jesús. "**Prefiero mi Cristo**" fue su primera grabación de estudio.

El 16 de junio de 1934 se casó con Erma Scarfey con quien tuvo dos hijos Ron y Elaine.

Siguió con su trabajo como secretario hasta que en 1938 se empezó a ver la recompensa a su decisión y consiguió trabajo en Chicago como cantante y locutor en la emisora cristiana WMBI. Allí trabajó hasta 1944.

> "Había estado trabajando por diez años durante la década de los 20 en Nueva York en el departamento médico de la Mutual Life Insurance Company. Durante ese tiempo, conocí al Dr. Houghton, Pastor de la Iglesia Bautista del Calvario, y él me oyó cantar en algunas ocasiones. Luego lo transfirieron a chicago donde se hizo presidente del Moody Bible Institute, y nos volvimos a encontrar en una conferencia Bíblica en Pennsylvania. Me dijo, '*quisiera preguntarte·si alguna vez has considerado ser locutor cristiano*'. Le dije que no sabía que eso fuera posible. Así sucedió en 1939. Acepté y me mudé a Chicago, donde viví por cinco años y medio."

También cantó himnos en la WCFL entre 1943-1952 en los programas "songs of the night" y "Club Time".

En este momento George Beverly Shea ya estaba viviendo el sueño de su vida: cantar himnos en la radio, pero aún no había llegado a la cumbre de lo que sería su carrera como cantante. Conocer a Billy Graham y unirse a sus cruzadas misioneras fue lo que convirtió a George Beverly Shea en el cantante de himnos más conocido del siglo xx.

> "Fue algo maravilloso. Una mañana, alguien llamó a la puerta de la oficina. Salí a mirar y me encontré con un hombre algo joven, de cabello rubio quien me dio la mano. Tenía 21 años y yo 31. era Billy Graham, quien había viajado en tren desde el Wheaton College solo para saludarme. Dijo que escuchaba mi programa matutino llamado "**Hymns from the chapel**" (*Himnos desde la capilla*). Así es como nos conocimos por primera vez.
>
> Empecé a trabajar con el Señor Graham en 1947 luego de que intercambiáramos cartas y habláramos por teléfono. Dijo que quería que yo fuera su cantante evangelista. Le agradecí, pero le dije que los únicos cantantes evangelistas que había oído cantaban una

> estrofa o dos y luego paraban y hablaban un rato. '*¿voy a tener que hacer eso?*' le pregunté. Él se rio y me dijo '*espero que no*'. Con eso, le dije, '*bueno, me encantaría ir contigo*'. Eso fue en noviembre de 1947 y he estado con él desde entonces."

El éxito de esta dupla misionera fuel tal que George Beverly Shea recibió un reconocimiento del Book of World Records por haber cantado ante más de doscientos veinte millones de personas – más que nadie hasta ese momento en la historia. Sin embargo, la intención de Shea nunca fue ser famoso y cuando le preguntaron por ese récord dijo

"Esas personas no venían a escucharme a mí sino a Billy.
Tenían que escucharme cantar antes de que Billy hablara."

Cantó para los presidentes Johnson, Nixon, Carter, Clinton, George H.W. Bush y George W. Bush en más de una ocasión.

En 1954 se presentó en el estadio de Wembley, Inglaterra ante más de ciento veinte mil personas. Grabó más de 45 LPs. En 1965 ganó el Grammy a "*mejor grabación góspel o religiosa*". En 2011 fue honrado en los Grammy Awards con el Premio Grammy a la carrera artística.

Su himno favorito era *Señor mi Dios al contemplar los cielos*. Dijo que nunca se cansaría de cantarlo a pesar de ser el himno que más veces entonó en público.

George Beverly Shea fue el primer cantante cristiano en ser una especie de súper estrella a nivel internacional, reconocido y amado por el mundo cristiano de habla inglesa. Decía que no hacía malabares con la voz porque no podía y no buscaba que lo aplaudieran. Solo quería dar un mensaje. Y así era su estilo: sencillo, sin adornos, sin gestos exagerados ni complicados melismas pero con un mensaje claro y contundente.

Su esposa Erma falleció en 1976. Luego de varios años de viudez su gran amigo Billy Graham le dijo que diez años era demasiado tiempo para estar solo y le presentó a quien sería su segunda esposa.

El 19 de diciembre de 1985 Shea se casó con Kerlene Aceto en la casa de Billy Graham.

George Beverly Shea Falleció el martes 16 de abril de 2013 a los 104 años luego de una breve enfermedad. Fue enterrado en los terrenos de la Billy Graham Library en Charlotte, Carolina del Norte.

JESUS RESUCITADO

No está aquí, mas ha resucitado: acordaos de lo que os habló, cuando aun estaba en Galilea
Lucas 24:6

Alfred Ackley era un talentoso cellista quien aprendió música con su padre y luego estudió en la Academia Real de Música de Londres y con Hans Kronold en Nueva York. Se graduó del seminario teológico de Westminster, Maryland, y fue ordenado como ministro presbiteriano en 1914. Junto con su hermano Bentley escribió la letra y/o música para cerca de mil himnos y ayudó a compilar himnarios y cancioneros, pero sin lugar a duda su himno más conocido es **"He Lives"** (*Él vive*) conocido en nuestro idioma como *"Jesús resucitado"* o *"Al Cristo vivo sirvo"*.

En 1933 un joven judío había asistido durante seis noches seguidas a una semana evangelística. Una de estas noches se quedó luego del final del servicio para preguntar más sobre la presencia de Cristo. Ackley lo estaba animando a aceptar a Cristo como su salvador cuando el joven le preguntó: *"¿Por qué debería yo adorar a un judío muerto?"* Ante esta sorpresiva pregunta, Alfred respondió:

"¡Él vive!, ¡Él no está muerto, sino que vive aquí y ahora! Cristo Jesús está más vivo hoy que nunca antes. Te lo puedo probar por mi propia experiencia, al igual que por el testimonio de incontables millares."

Dos cosas maravillosas ocurrieron ese día: El joven entregó su vida a Cristo y Alfred Ackley movido por la conversación de esa noche, se sentó en el piano y allí le fue inspirada la parte final de la melodía de un nuevo himno.

"El pensar en su inmortal presencia trajo a mí rápida y fácilmente la melodía. La letra la siguió de inmediato".

Este himno fue publicado ese mismo año en **"Triumphant Service Songs"** (*Canciones para un servicio triunfante*) recibiendo una gran acogida. Fue traducido al español por Gilberto Bustamante.

ACERCA DEL PROYECTO HISTORIAS DE HIMNOS

Estimado, espero que la lectura de este libro haya sido de bendición para tu vida. Considero que el conocer las circunstancias bajo las cuales surgieron alabanzas que por décadas han predominado en el culto de adoración está relacionado con el mandato de Cristo proferido en Mateo 4:23. Es mi deseo que este libro ponga ante los miembros de iglesia, directores de canto y ministros un nuevo lente en el estudio y disfrute de los servicios de canto en las congregaciones y en el hogar.

En este primer libro no se abordaron los himnos provenientes de la cultura hispanohablante, pero esperamos en futuras publicaciones poder hacer una investigación juiciosa sobre los autores y traductores más significativos en nuestro idioma.

El proyecto Historias de himnos busca dar a conocer de una forma más amplia los cánticos de mayor relevancia dentor del cristianismo, al igual que proveer de materiales a los directores de alabanza y de las diversas agrupaciones musicales que naturalmente forman parte de la comunidad religiosa.

A través de nuestro sitio web **historiasdehimnos.com** y de los diversos perfiles en redes, buscamos suministrar gratuitamente elementos didácticos como videos, partituras, audios con las voces de los himnos para coro y cuarteto y otros materiales que faciliten la conformación de nuevos ministerios de alabanza y faciliten el avance de aquellos que ya están conformados.

Agradezco a Dios por el maravilloso regalo de la música, y espero un día no muy lejano estemos todos reunidos adorando al Creador en el gran coro celestial.

Andrés Hernández
Fundador del Proyecto Historias de Himnos

REFERENCIAS BIBLIOGRÁFICAS

Las siguientes fuentes fueron consultadas para realización de esta obra, y se recomienda su lectura para aquellos que quieran profundizar en el estudio de los himnos:

ADA RUTH HABERSHON (S. F.). *http://www.hymntime.com/tch/bio/h/a/b/e/ habershon_ar.htm*

BND, T. K.O.B. (1755). *A manual of prayers for the use of the scholars of Winchester college* [by T. Ken]. By T. Ken.

BEATTIE, D.J. (1935). *The Romance of Sacred Song*. Marshall, Monrgan & Scott, LTD.

BLAIN, V.H. (2004). *Adams, Sarah Flower*. The Oxford Dictionary of National Biography. https://doi.org/10.1093/ref:odnb/129

BLISS, P.P. (1877). *Memoirs of Philip P. Bliss*. A.S. Barnes.

BRADBURY, W.B. (1859). *Cottage Melodies: A Hymn and Tune Book, for Prayer and Social Meetings and the Home Circle*. Carlton & Porter.

BRADLEY, I. (1989). *The Book of Hymns*. Overlook Press.

BREED, D. R. (1975). *The History and Use of Hymns and Hymn-tunes*.

BRITISH MOVIETONE. (2015, 21 julio). *EISENHOWER FUNERAL. - COLOUR - SOUND* [Vídeo]. YouTube. https://www.youtube.com/ watch?v=tSVbQBlLGvM

BROWN, T., & BUTTERWORTH, E. (1906). *Story of the Hymns and Tunes*. America Tract Society.

BROWN, W. C. (1843). *Mother's Assistant and Young Lady's Friend (Vol. 8)*.

canterbury press. (s. f.). *When the trumpet of the Lord shall sound, and time shall be no more*. The Canterbury Dictionary of Hymnology. http:// www.hymnology.co.uk/w/when-the-trumpet-of-the-lord-shall-sound,- and-time-shall-be-no-more

CHARLES AUSTIN MILES. (s. f.). http://www.hymntime.com/tch/bio/m/i/l/e/ miles_ca.htm

CLEVELAND, C. D. (1868). *Lycra Sacra Americana*. Sampson Low, Son, And Martson.

COLLINS, A. (2009). *Turn Your Radio On: The Stories Behind Gospel Music's All-Time Greatest Songs*. Zondervan.

CROSBY, F. (1904). *Fanny Crosby's Life Story*. Everywhere Publishing Company.

DAVIS, P. (2009). *George Beverly Shea: Tell Me the Story*. Ambassador International.

EGAN, B. (s. f.). *Silent Night. The history of a famous carol*. http://www.icce.rug.nl/~soundscapes/VOLUME02/Silent_Night_History.shtml

FEDERICO FLIEDNER (). (s. f.). Protestantes.net. http://www.protestantes.net/enciclopedia.asp?id=541

GEORGE SEVERLY SHEA | The Canadian Encyclopedia. (s. f.). https://www.thecanadianencyclopedia.ca/en/article/george-beverly-shea-emc

GEORGE, C., & GEORGE, C. (2013). *Himno Cuan grande es Él* | literaturabautista.com. literaturabautista.com. http://www.literaturabautista.com/himno-cuan-grande-es-el

GESELLSCHAFT, S. N. (s. f.). *Stille Nacht - History of the Song*. https://www.stillenacht.at/en/history-of-the-song

HALL. (1914). *Biography of Gospel Song & Hymn Writers*. Felming H. Revell Company.

HALL, F. H. (1971). *Story of the Battle Hymn of the Republic*. Harper & Brothers.

HARDWICK, C. (1877). *A History of the Christian Church During the Reformation*.

He Will Hold Me Fast. (s. f.). http://www.hymntime.com/tch/htm/h/w/i/l/hwilhold.htm

HEBER, A. S. (1856). *Memoir of Reginald Heber, D.D., Bishop of Calcutta*.

HEBER, R. (1827). *Hymns, Written and Adapted to the Weekly Church Service of the Year*.

GINDMARSH, B. D. (2004). *Newton, John (1725–1807), slave trader and Church of England clergyman*. Oxford University Press eBooks. https://doi.org/10.1093/ref:odnb/20062

HODDER, & STOUGHTON. (1834). *Martin Luther*. WILLIAM GUVATT.

HOMESCHOOLBOOKREVIEWBLOG. (2008, 8 mayo). *"Crown Him with Many Crowns"*. hymnstudiesblog. https://hymnstudiesblog.wordpress.com/2008/05/08/quotcrown-him-with-many-crownsquot/comment-page-1/

HORTON, J. (1963). *Scandinavian Music: A Short History*. London : Faber and Faber.

HUSTAD, D., & SHORNEY, G. H. (1978). *Dictionary-handbook to Hymns for the Living Church*. Hope Publishing Company (IL).

HUTCHINS, C. L. (1872). *Annotations of the Hymnal: Consisting of Notes, Biographical Sketches of Authors, Originals and References*.

HYMNOLOGY. (s. f.-a). http://www.hymnology.co.uk/k/katharina-amalia-dorothea-von-schlegel

HYMNOLOGY. (s. f.-b). http://www.hymnology.co.uk/h/henry-francis-lyte

In the Garden — Hymnology Archive. (s. f.). Hymnology Archive. https://www.hymnologyarchive.com/in-the-garden

IRELAND, M. (2022). *The Story Behind 'How Great Thou Art'* | CBN. CBN. https://www1.cbn.com/churchandministry/the-story-behind-how-great-thou-art

Isaac Watts. (2008, 8 agosto). *Christian History | Learn the History of Christianity & the Church*. https://www.christianitytoday.com/history/people/poets/isaac-watts.html

JACKSON, S. T. (1969). *Fanny Crosby's Story of Ninety-four Years*. Felming H. Revell Company.

John Calvin on Singing Psalms in Church – CPRC. (s. f.). https://www.cprf.co.uk/quotes/johncalvinpsalms.htm#.XZu1fWa2200

JULIAN, J. (1892a). *A Dictionary of Hymnology: Setting Forth the Origin and History of Christian Hymns of All Ages and Na-tions*.

JULIAN, J. (1892b). *A dictionary of hymnology, vol.2*.

LONG, E. M. (1876). *Illustrated History of Hymns and Their Authors: Facts and Incidents of the Origin, Authors, Sentiments and Singing of Hymns, Which, with a Synopsis, Embrace Interesting Items Relating to Over Eight Hundred Hymn-writers*.

Lyte, H. F. (1850). Remains of the Late Rev. Henry Francis Lyte: With a Prefatory Memoir by the Editor.

MacINTYRE, J. J. (1916). *The Composer of the Battle Hymn of the Republic*.

MASON, L. (1837). *Occasional Psalm and Hymn Tunes, Selected and Original: Designed as Supplementary to the Several Collections of Church Music in Common Use*.

McCutchan, R. G. (1937). *Our Hymnody, a Manual of the Methodist Hymnal.*

Miller, E. (s. f.). *Henry Francis Lyte.* WellsOfGrace. https://wellsofgrace. com/biography/hymnwriter/lyte-e.htm

Morgan, R. J. (2003). *Then Sings My Soul: 150 of the World's Greatest Hymn Stories.* Thomas Nelson Incorporated.

Nagler, A. W. (1918). *Pietism and Methodism: Or, the Significance of German Pietism in the Origin and Early Development of Methodism.*

Newton, J. (1788). *Thoughts Upon the African Slave Trade. By John Newton, Rector of St. Mary Woolnoth.*

Newton, J. (1821). *The Works of the Rev. John Newton . . .*

Nutter, C. S., & Church, M. E. (1884). *Hymn Studies: An Illustrated and Annotated Edition of the Hymnal of the Methodist Episcopal Church.*

Nutter, C. S., & Tillett, W. F. (1911). *The Hymns and Hymn Writers of the Church: An Annotated Edition of The Methodist Hymnal.*

Obituary - GEORGE BEVERLY SHEA. (2015, 25 junio). *GEORGE BEVERLY SHEA.* https://georgebeverlysheamemorial.org/obituary/

Osbeck, K. W. (1901). *101 Hymn Stories.* Kregel Publications.

Osbeck, K. W. (2002). *Amazing Grace: 366 Inspiring Hymn Stories for Daily Devotions.* Kregel Publications.

Panton, J. (2011). *Historical Dictionary of the British Monarchy.* Scarecrow Press.

Petersen, R., & Shreeves, R. (2014). *The One Year Women in Christian History Devotional: Daily Inspirations from God's Work in the Lives of Women.* Tyndale House.

Petersen, W. J., & Petersen, A. E. (2006). *The Complete Book of Hymns.*

Poetry Foundation. (s. f.). *Isaac Watts* | Poetry Foundation. https://www. poetryfoundation.org/poets/isaac-watts

R. D. K., & G. P. G. (s. f.). *How Great Thou Art: The Story of.* https://www. joy-bringer-ministries.org/hymns/hgta.pdf

Reginald Heber | Hymnary.org. (s. f.). https://hymnary.org/person/ Heber_Reginald

Rev Dudley Atkins Tyng (1825-1858) - Find a Grave. . . (1825, 12 enero). https://es.findagrave.com/memorial/42326017/dudley-atkins-tyng

REYNOLDS, W. J. (1967). *Hymns of Our Faith: A Handbook for the Baptist Hymnal.*

ROSS, S. (s. f.). *Kate Hankey, Author of The Old, Old Story* - Christian Biography Resources - Wholesome Words. https://www.wholesomewords.org/biography/bhankey.html

RUFFIN, B. (1976). *Fanny Crosby.* United Church Press.

SAMUEL, B. H. (s. f.). escenic. The Telegraph. https://www.telegraph.co.uk/culture/music/3668134/The-story-behind-the-hymn.html

SANKEY, I. D. (1906). *My life and the history of the gospel hymns.* The Sunday School Times Company.

SANVILLE, G. W. (1943). *Forty Gospel Hymn Stories.*

SCHUDEL, M. (2013, 18 abril). *George Beverly Shea, gospel singer who preceded Billy Graham sermons, dies at 104.* Washington Post. https://www.washingtonpost.com/local/obituaries/george-beverly-shea-gospel-singer-who-preceded-billy-graham-sermons-dies-at-104/2013/04/17/4388e9a2-a77b-11e2-a8e2-5b98cb59187f_story.html?utm_term=.bce461e18143

SELBORNE, R. P. E. O., I. (1892). *Hymns: Their History and Development in the Creek and Latin Churches Germany and Great Britain.*

STANDARD, C. (2013). *JUST ONE: Ivan S. Prokhanov.* Christian Standard. https://christianstandard.com/2013/11/just-one-just-one-life-in-russia/

Stille Nacht / Silent Night: The True Story. (s. f.). The German Way & More. Recuperado 1 de julio de 2023, de https://www.german-way.com/history-and-culture/holidays-and-celebrations/christmas/stille-nacht-silent-night/

STOCKTON, T. H. (1858). *Stand Up for Jesus!: A Christian Ballad, with a Few Additional Poems.*

THE EDITORS OF ENCYCLOPAEDIA BRITANNICA. (1998a, julio 20). *Fanny Crosby | Biography, Hymns, Poems, & Facts.* Encyclopedia Britannica. https://www.britannica.com/biography/Fanny-Crosby

THE EDITORS OF ENCYCLOPAEDIA BRITANNICA. (1998b, julio 20). *Isaac Watts | Biography, Hymns, & Facts.* Encyclopedia Britannica. https://www.britannica.com/biography/Isaac-Watts

THE UNITED METHODIST CHURCH. (2019, 16 diciembre). *History of Hymns: «Be Still, My Soul».* Discipleship Ministries. https://www.umcdiscipleship.org/resources/history-of-hymns-be-still-my-soul

TIMES, N. Y. (1975, 21 diciembre). *Silent Night in Austria: Seeking the Source of a Hymn.* The New York Times. https://www.nytimes.com/1975/12/21/archives/silent-night-in-austria-seeking-source-of-a-hymn-silent-night-in.html

TOPLADY, A. (1794). *The Works of Augustus M. Toplady.*

TURNER, S. (2009). *Amazing Grace: The Story of America's Most Beloved Song.* Harper Collins.

Volume 42, Number 205. (1969, 1 abril). The Desert Sun, https://cdnc.ucr.edu/?a=d&d=DS19690401 & .

WATTS, I. (1772). *The Psalms of David: Imitated in the Language of the New Testament: and Applied to the Christian State and Worship.*

WHITE, E. G. H. (2008). *El Conflicto de los Siglos: El Amor Bajo Ataque.*

WOMENOFCHRISTIANITY. (s. f.). *Story of the Hymn "In the Garden"* | Women of Christianity. https://womenofchristianity.com/story-of-the-hymn-in-the-garden/

WOODING, D. (2007). *«I'd Rather Have Jesus» '-At 97 years of age, George Beverly Shea is still singing for the Lord.* http://news.christiansunite.com/Religion_News/religion06386.shtml

www.ingramcontent.com/pod-product-compliance
Lightning Source LLC
LaVergne TN
LVHW050641200726

843506LV00010B/1320